Frühling auf der Nehrung

Emil Broschk

Frühling auf der Nehrung

Jagd- und Tiergeschichten
mit Zeichnungen
von Wilhelm Eigner

Ostpreußisches Mosaik · Band XII

Verlag Gerhard Rautenberg · Leer/Ostfriesland

Herausgegeben von Ruth Maria Wagner

Gesamtherstellung: Druckerei Gerhard Rautenberg, 2950 Leer

Printed in Western Germany —
ISBN 3-7921-0223-4

Inhaltsverzeichnis

Ein Wort zuvor

Ostpreußen war schon immer ein Land von besonderer Art. Es hatte sehr unterschiedliche Landschaften, ein Seeklima und ein Kontinentalklima und eine sehr wechselvolle geschichtliche Vergangenheit mit einer Bevölkerung aus verschiedenen Herkunftsländern.

Die Landschaften entstanden als Folge der letzten Eiszeit, als vor etwa zwanzigtausend Jahren die Gletscher abzutauen begannen. Sie hinterließen an ihrer Stirnseite gewaltige Schutt- und Geröllmassen, die sie auf ihrem Weg aus dem hohen Norden mitgeführt hatten. Es blieb eine zerklüftete Moränenlandschaft mit langgestreckten Höhenzügen, unzähligen Hügeln, tiefen Becken und Rinnen zurück. Verschiedene Bodenarten, vermischt mit Mineralien aller Art, wurden hier abgelagert und verwandelten das Land in eine tote Wüstenlandschaft. Eisige Kälte und tiefgefrorener Boden ließen lange Zeit kein Leben und Wachstum in diesen Gebieten aufkommen. Als die riesigen Gletscher nach dem Abtauen das Land freigaben, überschwemmte das Schmelzwasser große Gebiete. Nachdem später auch das Ostseebecken eisfrei geworden war, strömten die Wassermassen in die von den Gletschern ausgehobelte tiefe Mulde, die überschwemmten Gebiete traten als fruchtbares Schwemmland zutage.

Das Wetter zeigte bis in die Neuzeit erhebliche Unterschiede zwischen dem milden maritimen Klima an der Küste und einem Kontinentalklima mit strengen Wintern und trockenen heißen Sommern im Osten des Landes.

Die Geschichte Ostpreußens und seiner Bewohner ist wechselvoll. Kriege, feindliche Überfälle und Seuchen brachten Not und Verluste an Menschen und Tieren.

Ostpreußen war lange Zeit ein schwach besiedeltes und unterentwickeltes Land, bewohnt von den alteingesessenen Prussen und Litauern, die als Ackerbauern und Handwerker seit Generationen dort lebten. Erst der Deutsche Ritterorden hat nach der Besetzung eine neue Ära eingeleitet. Er baute Burgen, gründete Städte, hat das Land kultiviert und besiedelt. Die folgenden Herzöge und Könige setzten das Werk fort. Sie holten Siedler, Handwerker und Kaufleute aus anderen deutschen Gauen und dem benachbarten Ausland in das Land,

und der wirtschaftliche und technische Fortschritt hielt seinen Einzug.
Die fruchtbaren Niederungen waren die wichtigsten Nahrungslieferanten des Landes. Die fischreichen Seen und Flüsse, die Ostsee und die beiden Haffe lieferten zahlreiche Fischarten. Die weniger fruchtbaren Heideböden in Masuren und anderen Gegenden wurden hauptsächlich forstwirtschaftlich genutzt und lieferten wertvolle Hölzer.
Dieser Umbruch brachte einige Eingriffe in den Naturzustand des Landes. Städte und Dörfer, Straßen und Kanäle wurden gebaut, das Land erschlossen und kultiviert.
Trotz dieser Kulturmaßnahmen blieb noch genug Lebensraum für die freilebenden Tiere. In den großen Wäldern, Seen und Mooren fanden sie die ihnen zusagenden Lebensbedingungen, Ruhe, Schutz und Nahrung.
Zahlreich waren die Vogelarten, die in Ostpreußen brüteten oder als Zugvögel auf ihrer Reise hier Rast machten. Nur die großen Raubtiere, Bär, Wolf und Luchs, die Schaden an den Haustieren und in den Wildbeständen anrichteten, konnten nicht geduldet werden. Sie wurden verfolgt und erlegt.
Für alle Tier- und Naturfreunde, Jäger und Naturwissenschaftler war Ostpreußen eine Fundgrube. Wissenschaftliche Erkenntnisse, aber auch abwechslungsreiche Erholung wurden jedem geboten, der das Land aufsuchte, und viele haben es zu ihrer Heimat gemacht.
Möge das Land noch lange Zeit Zuflucht und Heimat für alle bedrängten und verfolgten Tiere bleiben, für die in anderen Teilen der Erde kein Platz mehr zu sein scheint.
Wir aber, die dies Land erlebt und gekannt haben, werden es nicht vergessen. Wir wollen unsere Erlebnisse und Erfahrungen weitergeben an unsere Nachkommen und an alle Menschen, die es selbst nicht erlebt haben.

Emil Broschk

Im Elchrevier

Es war Anfang September, die Elchbrunft hatte begonnen. Auf diese Zeit hatte ich mich schon lange gefreut. Ein Freund, der als Revierförster auf der Kurischen Nehrung einen guten Elchbestand in seinem Revier hatte, erlaubte mir, zu jeder Zeit Elche bei ihm zu beobachten.
Eine junge Fischerfamilie hatte mir in ihrem Neubau ein Dachzimmer überlassen. Das Haus stand nicht weit vom Ostseestrand. Ich konnte durch das Fenster weit über die Ostsee sehen und mich oft am schönen Sonnenuntergang erfreuen.
Meinen mehrtägigen Urlaub wollte ich diesmal in der Hauptsache den Elchen widmen, die ich bisher nur aus den zoologischen Gärten kannte. Einige Verhaltensregeln gab mir der Förster mit auf den Weg, als ich meinen ersten Besuch bei ihm machte. Besonders wichtig sei es, beim Beobachten und auf der Pirsch Augen und Ohren offen zu halten, auf den Wind zu achten und sich ruhig zu verhalten. Elche können nicht gut sehen, um so besser hören und riechen. Sie können sich im Gestrüpp verstecken und stundenlang verharren, bis die Gefahr vorüber ist. Doch gibt es auch Ausnahmen unter den Tieren, solche, die sofort angreifen, wenn sie einen Feind entdeckt haben. Aus Sicherheitsgründen sollte ich die Wege nicht verlassen und auf keinen Fall den Elchen nachlaufen.
Ich hatte schon mehrere Jahre Jagderfahrung bei anderem Wild, hatte einige Übung im Beobachten, Ansprechen und Verhalten bei Rotwild und Rehwild. So konnte mich der Förster allein gehen lassen. Die Elche waren im allgemeinen dort recht vertraut und fürchteten die Menschen nicht.

Auf meinem ersten Pirschgang begleitete ich den Förster durch sein Revier. Schon sehr früh am Morgen, lange vor Sonnenaufgang, gingen wir schweigend durch den stillen Wald in Richtung Haff. Der nur spärlich bewachsene Waldweg dämpfte unsere Schritte. Bald endete der niedrige Kiefernbestand, es schloß sich ein dichter Erlenwald an. Der Weg wurde feuchter, die Gräser waren dichter und höher. Plötzlich war auch dieser Wald zu Ende. Eine große, freie Fläche lag vor uns, auf der ein dichter Nebelschleier lag. Nur die hohen Randbäume konnte man sehen. Noch war es zu dunkel, um alles übersehen und erkennen zu können. In einer Baumgruppe am Weg stand ein Hochsitz. Der Förster stieg hinauf, ich folgte ihm. Lange Zeit saßen wir still nebeneinander und lauschten den über uns ziehenden Zugvögeln.
Im Osten wurde es heller. Die Sterne verblaßten immer mehr und erloschen einer nach dem andern. Der Nebel löste sich langsam auf und gab die Sicht frei. Jetzt konnte man auch die freie Fläche als Wiese erkennen. Fast in der Mitte gab es einen großen Wassertümpel. Binsen, Sumpfgräser, vereinzelte kleine Sträucher wuchsen auf der freien Fläche. Wie mir der Förster später auf dem Heimweg erzählte, wurde die Wiese von allen höheren Bäumen und Sträuchern freigehalten, damit man die Tiere besser beobachten könne.
Die Sonne stieg über den Horizont. Ihre Strahlen lagen auf dem ruhigen Wasser des Haffs. Es flimmerte und glitzerte in allen Farben. Über dem Wasser flogen unzählige Enten, Fischreiher und andere Vögel, die man durch das Fernglas gut sehen und erkennen konnte. Auch eine Rohrweihe kreiste über dem breiten Rohrgürtel, nach Beute spähend. Die Sicht war jetzt

gut. Der Anblick fesselte mich. So beachtete ich nicht die vor uns liegende Wiese.
Da stieß mich der Förster leicht an. Seine Augen waren auf eine bestimmte Stelle gerichtet. Dann sah auch ich einen Elch neben einem Strauch stehen. Er äste an den Zweigen, ruhig und vertraut. Es war eine jüngere Elin. Vielleicht ein vorjähriges Schmaltier. Nach einer Weile entfernte es sich und zog an den Tümpel. Lange schöpfte es das klare Wasser, trat rückwärts auf die Wiese, schüttelte sich kräftig und verschwand hinter den Sträuchern.
Das war der erste Elch, den ich in der freien Natur gesehen habe.
Noch lange blieben wir auf der Kanzel und erlebten einen schönen Herbstmorgen im Elchrevier. Auf dem Weg nach Hause erzählte mir der Förster von einem guten Schaufler, der hier seinen Einstand hatte. Ob ihn eine Elin fortgelockt hatte ober ob er im dichten Gestrüpp ruhte, wußte der Förster nicht. Einige Tage später habe ich den starken Schaufler gesehen, als er ein brunftiges Tier beschlagen hat.
Die nächsten Tage war ich mir selbst überlassen. Der Förster mußte einen hohen Gast führen und an anderen Stellen beobachten. Eine Einschränkung wurde mir gemacht. Einen bestimmten Teil des Reviers, das „Allerheiligste“ genannt, in dem ein ganz kapitaler Schaufler seinen Einstand hatte, durfte ich nicht betreten. Dieser Elch diente nämlich als Schauobjekt für prominente Gäste, die sich für die Jagd und für die Elche interessierten.
Am nächsten Morgen war ich in aller Frühe wieder im Wald. Der Förster empfahl mir einen Weg, der an beiden Seiten mit Birken bepflanzt und daher auch im Dunkeln gut und sicher zu begehen war. Er führte

durch einen versumpften Bruchwald zum Haff. In dem Bruchwald sollten oft Elche stehen, darauf sollte ich achten. Am Haffufer war in einer starken Erle ein einfacher Hochsitz eingebaut, den sollte ich besteigen und dort den Sonnenaufgang und das Morgenerwachen erleben. Das flache, sumpfige Haffufer war hier weit zu übersehen. Von dem bequemen Hochsitz sollte man einen guten Einblick in den Bruchwald haben. Mit reichlich Proviant im Rucksack, Fernglas und Kamera begab ich mich beim Morgengrauen auf den Weg.

Die Ufergrenze war nicht deutlich zu erkennen. Rohr, Schilf und Sträucher aller Art wuchsen in das Haff hinein, im Bruch waren viele Wassertümpel. Der Sonnenaufgang war wieder unbeschreiblich schön. Unzählige Sumpf- und Wasservögel, zum großen Teil nordische Gäste, strichen munter umher. Aus dem Rohr war das Rufen, Paken und Schnattern vieler Tiere zu hören. Fischreiher suchten nach Fangplätzen, ein Fischadler kam von der Nehrung eilig angeflogen und strich zum Haff. Als die Sonne schon hoch über dem Horizont stand, wurde es ruhiger. Die Tiere waren auf Nahrungssuche am Haffufer oder gründelten in den Tümpeln.

Nach gut zwei Stunden verließ ich den Hochsitz und nahm darunter mein Frühstück ein. Dann begab ich mich auf die Suche nach Elchen. Mit dem Fernglas suchte ich vom Weg aus das Bruch ab, soweit ich hineinsehen konnte. Nichts war zu sehen.

Ich begegnete einem Fischer, der zum Haff ging, um nach seinen Reusen zu sehen. Sein Kahn lag am Ufer. Er erzählte mir von einem Elch, den er nicht weit vom Weg im Gestrüpp gesehen hatte. Tatsächlich stand an der bezeichneten Stelle ein Schaufler kaum einhundert Meter vom Weg und äste an den Sträuchern. Um ihn nicht zu stören, ging ich langsam weiter und blieb erst hinter einem dicken Erlenstamm stehen.

Nun konnte ich ihn gut beobachten. Wie sah er doch eigenartig aus. Die dunkle Decke und die hellen, hohen Läufe. Der große Kopf mit der Ramsnase, die überhängende Oberlippe, der lange Kehlbart und die fast waagerechten Schaufeln zwischen den nach vorn gestellten Lauschern. Dazu der hohe Widerrist über den Schultern und der nach hinten abfallende Rücken. Er ließ mir viel Zeit; das Fernglas brachte ihn mir ganz nahe heran. Sicher hatte auch er mich gesehen, zeigte aber keine Scheu, denn er kannte die Menschen, die hier täglich zum Haff gingen. Es waren hauptsächlich Fischer und manchmal auch Sommergäste, die den Elchen nichts taten. Nur vor hochbrunftigen alten Schauflern und führenden Muttertieren mußte man sich vorsehen. Schon manche harmlosen Fußgänger waren sich der drohenden Gefahr nicht bewußt und sogar Wagenpferde wurden von ihnen angegriffen. Auch für mich war jetzt Vorsicht geboten. Während der Brunftzeit allein durch den Wald zu gehen, ist gefährlich. Geräusche und menschliche Witterung konnte die jetzt sehr reizbaren brunftigen Tiere zu einem Angriff veranlassen. Anscheinend war der noch junge Elch nicht in voller Brunftstimmung. So ließ er sich Zeit und Ruhe zum Äsen und zog erst nach einer Weile weiter in das Bruch. Ich ging den Birkenweg weiter, bis ich zu einer Weggabelung kam. Auf einem Seitenweg ging ich zwischen einem Kiefernbestand und einem Birkenwald zur großen Wiese.

Es war schon Mittagszeit, als ich die gut verblendete Kanzel an der großen Wiese bestieg. Oben machte ich es mir bequem. Holte aus dem Rucksack die Wegzehrung und ließ mich von der warmen Sonne bescheinen. Gegen

Abend, als die Sonne schon tief über den Bäumen stand, erschien ein Fuchs auf der Wiese. Lange Zeit suchte er in dem schon welken Gras nach Mäusen. Plötzlich machte er einen weiten Sprung, — doch die Maus war fort. Bald fand er das Mauseloch, steckte den langen spitzen Fang hinein und fing an zu graben. Mit beiden Vorderläufen warf er die Erde weit hinter sich. Graswurzeln riß er mit dem Fang heraus und wurde immer eifriger bei seiner Arbeit. Der ganze Kopf verschwand schon in dem Loch. Da war er wohl am Ziel. Einen ganzen Ballen trockenes Gras holte er mit dem Fang aus dem Loch.

In dem hohen Gras begann jetzt eine wilde Jagd auf die wohl schon ausgewachsenen Jungmäuse. Springend verfolgte er sie nach allen Seiten. Das war so lustig anzusehen, daß ich die weitere Umgebung vergaß. Als der Fuchs nach langem Suchen keine Maus mehr fand, setzte er sich auf die Keulen und leckte sich seinen Fang. Dann schüttelte er die Erde aus seinem Fell und verschwand neben der Kanzel im Gebüsch.

Ein Rundblick über die Wiese. Ich zuckte zusammen. Da stand ein ausgewachsenes Elchkalb neben einem Strauch. Mir schlug das Herz bis zum Hals. Das Kalb mußte den Fuchs schon lange beobachtet haben, denn als dieser verschwunden war, trat es weiter auf die Wiese und zog mit weit vorgestrecktem Kopf zum Mauseloch, umkreiste es, wohl ängstlich geworden durch den Blutgeruch der Mäuse, es verschwand eilig hinter den Sträuchern. Wo ein Kalb ist, wird auch die Mutter in der Nähe sein, dachte ich und blieb weiter auf der Kanzel sitzen. Plötzlich überflog mich ein Fischreiher. Er flog so niedrig über dem Hochsitz, daß ich erschrocken den Kopf einzog. Sicher wollte er in dem Tümpel landen. Als er mich aber auf der Kanzel erblickt hatte, stieg er eilig hoch und verschwand mit lautem Krächzen in Richtung Haff. Von Elchen habe ich an diesem Tag keinen mehr gesehen.

In der Dämmerung verließ ich den Hochsitz. Auf dem Heimweg hörte ich das Flügelrauschen unzähliger Zugvögel über mir. Zu sehen waren sie nicht, nur hin und wieder ein lauter Ruf oder eine zarte Vogelstimme. Elchbrunft und Vogelzug auf der Kurischen Nehrung dachte ich und ich ging langsam auf dem Weg zum Dorf.

Zum Beobachten von Wild gehört Geduld und Ruhe. Wenn man dazu noch in einem fremden Revier unbekannte Tiere suchen und beobachten will, muß man das besonders beachten. Wildlebende Tiere haben ihre eigenen Erfahrungen, die sie in ihrem Leben gemacht haben oder die ihnen durch Instinkt angeboren sind.

Fast jeden Tag konnte ich jetzt Elche sehen. Während der Brunft sind sie auch am Tag viel unterwegs. Junge Hirsche folgen einer brunftigen Elin durch Sumpf und Wald. Selten haben sie aber das Glück, ein brunftiges Tier allein anzutreffen. Ein starker Hirsch wird wohl immer in der Nähe sein, der den jungen Elch vertreibt, wenn er sich in die Nähe der Elin wagt. Nicht immer geht es ganz kampflos ab. Es gibt sogar sehr heftige Kämpfe zwischen gleichstarken Rivalen.

Rudel, wie beim Rotwild, gibt es bei den Elchen nicht. So gibt es auch keine Brunftplätze. Zu jeder Tageszeit und überall kann man ein Liebespärchen antreffen. Sinnlos und unverantwortlich wäre es, Tiere in ihren Verstecken aufzusuchen oder ihnen zu folgen. Man würde sie nur beunruhigen und vergrämen. Auf einer Kanzel oder an lichten Stellen am Boden wartet man geduldig und beobachtet auch andere Tiere, die man

im Gehen selten sieht. Proviant, Fernglas, Kamera, Rucksack und Sitzstock sind dafür die ganze Ausrüstung. Manchmal auch ein leichter wasserdichter Mantel und ein Mückenschleier.
Die Kanzel an der großen Wiese zog mich besonders an. Die weite Sicht über das Haff, das bunte Herbstlaub der Bäume und Sträucher und die vielen Sumpf- und Wasservögel waren eine schöne Abwechslung bei dem stillen Sitzen. An manchem Abend traten Rehe auf die Wiese aus, auch mal ein Hase.
An einem klaren Abend hatte ich ein ganz seltenes Erlebnis. Lange Zeit beobachtete ich auf der Wiese zwei mausende Füchse. Sicher gab es hier viele Mäuse, die jetzt in dem fast trockenen Gras umherhuschten. Da hörte ich hinter den Randsträuchern einen noch nie vernommenen Laut. Es mußte ein größeres Tier sein. Bekannt war mir das Mahnen brunftiger Tiere beim Rotwild. Hier konnte es nur ein brunftiges Elchtier sein, das einen ähnlichen Laut ausstieß. Gespannt wartete ich auf die Dinge, die da kommen würden. Plötzlich trat ein ausgewachsenes Elchkalb auf die Wiese. Wahrscheinlich das gleiche, das ich hier schon vor einigen Tagen gesehen hatte. Da war wieder der gleiche Laut. Bald danach trat eine Elin aus den Sträuchern und stellte sich neben das Kalb. Beide Tiere lauschten in eine bestimmte Richtung. Da drang ein tiefer dumpfer Schrei aus dem Bruch. Die Elin und das Kalb wurden unruhig. Sie traten umher, immer wieder nach dem Bruch lauschend. Ein Elch hatte das Mahnen der Elin vernommen und war auf dem Weg zu ihr.
Durch die dichten und hohen Randsträucher trat ein mächtiger Elch auf die Wiese. Im scharfen Troll erreichte er bald die Elin und erhob sich sogleich, um sie zu beschlagen. Die Elin entwand sich ihm aber

durch eine Kehrtwendung. Nun standen beide Tiere einander gegenüber, berührten sich mit den Nüstern. Das Kalb flüchtete beim Erscheinen des Schauflers auf die Mitte der Wiese und beobachtete die beiden. Mit einem gurgelnden Laut erhob sich der Elch auf die Hinterläufen und beschlug die Elin, die jetzt stillhielt. Sie machte gleich darauf einige Tritte nach vorn, der Elch glitt zur Erde hinunter. Durch eine Strauchlücke zogen die beiden in das Bruch; das Kalb folgte ihnen. Das war ein unbeschreiblicher Anblick. Eine Urkraft der Zeugung, wie man sie nur selten erlebt. Das Licht reichte nicht für eine Aufnahme. Doch das Erlebnis bleibt mir unvergessen.

Auf dem Heimweg mußte ich an einer bewaldeten Düne vorbei. Schon von weitem hörte ich zwei Elche miteinander kämpfen. In den niedrigen Kiefern krachten die Äste. Die Geweihstangen schlugen aufeinander wie dumpfe Hammerschläge. Doch es mußten wohl zwei ungleiche Gegner gewesen sein, denn der Kampf hörte bald auf. Bedenken hatte ich jetzt, an dem Kampfplatz vorbei zugehen. So machte ich einen Umweg und kam sicher und zufrieden zu Hause an. Am nächsten Morgen wollte ich schon früh an der Wiese sein. Doch es wurde später, als ich gedacht hatte. Unterwegs überquerte ein mittlerer Schaufler, wohl hundert Schritte vor mir, meinen Weg. Er hatte mich nicht gesehen und zog vertraut in einen lichten Erlenbestand. So blieb ich stehen und wartete, bis er weit genug in dem Bestand verschwunden war. Dann ging ich weiter. Als ich noch ein ganzes Stück von der Elchfährte entfernt war, drang ein widerlicher Geruch zu mir. Eilig wollte ich die Elchfährte überqueren. Da sah ich neben ihr die Abdrücke einer kleineren Fährte, die sicher von einem Elchtier war. Wahrscheinlich hatte das Tier vor dem Elch den Weg überquert, und der Elch folgte ihm. Zu sehen waren die beiden Tiere jetzt nicht mehr, nur der Brunftgeruch hing in der Luft. Eilig verließ ich die Stelle, um beim Sonnenaufgang an der Wiese zu sein.

Als ich die Kanzel bestiegen hatte, stand die Sonne schon über dem Horizont. Es war wieder ein klarer und sonniger Morgen. Es wäre eine Freude gewesen, diesen Herbstmorgen zu genießen, doch der Brunftgeruch vom Elch haftete noch an mir und vergällte mir das Sitzen und Beobachten. So verließ ich nach kurzer Zeit den Hochsitz und ging über die Düne zum Ostseestrand.

Im Schatten der Bäume und Sträucher hingen noch Tautropfen an Zweigen und Gräsern. Sobald die warmen Sonnenstrahlen sie berührten, lösten sie sich auf und stiegen als Dunst in die warme Luft. Irgendwann und irgendwo würden sie wieder zurück kommen zur Erde, als Regen, Schnee oder Hagel.

Als ich an dem Kiefernwald vor der Düne stand, dachte ich an den Elchkampf vom Abend zuvor. Wie doch die Natur die rechte Auslese betreibt: Das Schwache muß weichen und wird von der Fortpflanzung ausgeschlossen.

Mit einiger Mühe bestieg ich die Düne, die im obersten Viertel ohne Vegetation war. Der Blick von oben war überwältigend. Im Westen lag die spiegelglatte Ostsee. Die Fischer von den Nehrungsdörfern kehrten vom Fang zurück. Ihre Kähne mit den Wimpeln bewegten sich nur langsam auf der ruhigen Wasserfläche. In der Ferne über der Ostsee stand eine schwarze Rauchfahne. Den Dampfer, von dem sie kam, konnte man nicht sehen. Wie ist der Mensch doch klein und unbedeutend in dieser grandiosen Weite. Wie der Tautropfen, der eine kurze Zeit flimmert und leuchtet und bald wieder vergeht.

Zwischen Haff und Meer

Von der Düne ging es jetzt zum Haffufer hinab. Auf der Seeseite vegetierten nur dürre Sandgräser und niedriges Strauchwerk. Der Sand rieselte bei jedem Schritt in die hinterlassene Spur. Nur unten am Strand wuchsen an manchen feuchten Stellen hartes Dünengras, Sanddisteln und auch mal ein Schilfhalm. Am Seeufer ging ich jetzt heimwärts. Es roch nach Tang und würziger Seeluft.

In dem kleinen Fischerdorf waren die ersten Kähne schon angekommen. Jeder Fischer hatte seinen bestimmten Landeplatz. Die ganze Familie war schon versammelt und half bei der Bergung der Fische. Die Netze wurden an Land geholt, gereinigt, getrocknet und später ausgebessert. Mann und Frau, alt und jung beteiligt sich an dieser alltäglichen Arbeit. Den Zuschauer ergreift Mitleid, wenn er sieht, wie die silberhellen, zappelnden Meeresbewohner in der Sonne nach Luft schnappen, immer ruhiger werden und schließlich still liegen bleiben. An Ort und Stelle werden die Fische sortiert und marktfertig in Weidenkörben verpackt. Ein Teil wird zum Räuchern auf den Hof gebracht, wo sie ausgenommen und gereinigt in die Räuchertonnen gehängt werden. Die wertlosen kleinen Fische und andere Seetiere verschwinden wieder im Wasser oder auf dem Strand, wo sie von den nimmersatten, kreischenden Möwen aufgelesen und verzehrt werden.

Eine Ruhepause im Schatten einer Kiefer beschloß diese Morgenpirsch. Während ich aus dem Rucksack ein Stück Bauernbrot und geräucherten Bauchspeck verzehrte, kam ein alter Fischer mit einem halbvollen Sack auf dem Rücken. Er setzte sich zu mir, legte den Sack zur Seite, in dem er trockene Kienäpfel zum Räuchern von Aalen und Flundern gesammelt hatte, steckte sich einen Priem in den Mund und erzählte mir aus seinem Leben. In dem Dorf, im dem er jetzt lebte, wurde er vor siebzig Jahren geboren. Er wird es wohl nicht mehr verlassen. Sein Leben spielte sich ab zwischen Fischen und dem kleinen Hof. Die große Welt interessierte ihn nicht. Er wußte nichts von Demokratie, von Parteien und Revolutionen. Dafür kannte er alle Tiere im Wasser.

Er wußte, wo man den Aal fängt und den Dorsch. Wie das Wetter in den nächsten Tagen sein würde, und daß ein Aufguß aus der vor seinen Füßen wachsenden Klette eine gute Wirkung als Abführmittel und Blutreinigungstee hatte. Nach einer guten halben Stunde stand er auf, sammelte die herumliegenden Kienäpfel auf und ging ohne Gruß weiter zum nächsten Baum.

Lange Zeit saß ich noch unter der Kiefer am Seestrand und beobachtete die Fischer bei ihrer Arbeit. Sie lassen sich dabei nicht gerne stören. Der Fischfang ist ihr Leben, ihr Verdienst und ihre Welt.

Lange vor Sonnenuntergang war ich wieder auf der Kanzel an der großen Wiese. In der Brunftzeit muß man jederzeit mit Überraschungen rechnen. Elche leben nicht in Rudeln, sondern ziehen einzeln weit umher. Sie kommen aber immer wieder zu der Stelle zurück, die ihnen besonders zusagt.

Ich saß noch nicht lange auf der Kanzel, als ein junger, gut veranlagter Schaufler auf der Wiese erschien. Nach kurzem Sichern stieg er in den Tümpel und schöpfte lange das klare Wasser. Dann durchquerte er den Tümpel, und als er aus dem Wasser stieg, waren seine schönen weißen Hosen schmutzig und grau. Lange stand er unschlüssig vor der Kanzel. Dann streckte er den Kopf weit vor. Aus dem geöffneten Äser drang ein jünglinghaftes „Öa — Öa", voller Sehnsucht und Verlangen. Dann verschwand er trollend im Bruchwald.

Noch einige Tage pirschte ich zwischen Haff und Meer. Jetzt hatte auch der Förster mehr Zeit für mich, und ich durfte ihn auf seinen Reviergängen öfter begleiten. Die Brunft ging langsam zu Ende. Die Elche bezogen ihre alten Einstände und waren am Tag kaum noch zu sehen. Nur die Zugvögel zogen noch über die Nehrung, der volle Mond leuchtete ihnen auf ihrer Reise. Die kleinen Singvögel mußten sich besonders beeilen, denn ihre Nahrung wurde knapp, die Nächte waren kühl, ihre täglichen Flugstrecken nicht sehr weit.

Mein Urlaub auf der Nehrung war zu Ende. Am letzten Tag ging ich noch einmal mit dem Förster und seinem Hund, der während der Brunft im Zwinger hatte bleiben müssen, durch den Wald, zum Haff und an die große Wiese. Es war für mich ein Abschied für lange Zeit. Ich war trotzdem zufrieden. Als ich mich vor dem Dorf vom Förster verabschieden wollte, lud er mich zum Mittagessen in sein Haus ein.

Seine Frau, eine Förstertochter aus der Provinz, hatte ein Elchgericht zubereitet. Nach den Tieren, die ich auf meinen Pirschgängen gesehen hatte, sollte ich nun auch erfahren, wie ein Elchbraten schmeckt. Dazu gab es einen guten Tropfen, die Spende eines dankbaren Gastes. Mit Waidmannsdank verabschiedete ich mich von den liebenswerten Gastgebern. Am Strand und im

Dorf traf ich einige Fischer bei ihrer Arbeit. Auch von ihnen nahm ich Abschied, packte zu Hause meine Sachen, startete mein Motorrad und fuhr in eine andere Welt.
Erst im nächsten Frühjahr, wenn Sprosser, Fink und Star ihre Lieder sangen, wollte ich wieder auf der Nehrung sein, um die Elchmütter und ihre Kälber zu beobachten und zu belauschen.

Frühling auf der Nehrung

Die Nehrung sieht jetzt ganz anders aus als im Herbst. Das frische Gras sprießt in Sumpf, Wald und Düne. Birken, Erlen und Weiden sind geschmückt mit grünem Laub. An den Wegen, in Gärten und am Waldrand blühen bunte Frühlingsblumen. Die Obstbäume stehen in voller Blüte. Zu dieser Farbenpracht gehört auch die musikalische Umrahmung. Es singt, trillert und flötet in Baum und Strauch.

Überall gibt es etwas zu sehen oder zu hören. In den Tümpeln tummeln sich die Frösche. In den Sträuchern wird an Nestern gebaut oder schon gebrütet. Auf einer Kiefer lockt ein wilder Tauber, laut und sehnsüchtig. Zwei Grünfinken streiten sich um ein Weibchen, das gleichgültig auf einem Zweig sitzt, während sich die Männchen mit offenen Schnäbeln in die Federn fahren. Fast ohne Unterbrechung hört man hier und dort einen Kuckuck rufen. Auch der Pirol flötet aus dem Erlenwald. Nicht zu überhören die vielen kleinen Sänger, — Finken, Grasmücken, Goldammern und Sprosser. Bunte Schmetterlinge, Libellen, Käfer und Bienen fliegen umher auf der Suche nach Nahrung oder einem Partner.

Mein besonderes Interesse galt in diesem Frühjahr den Elchtieren und ihren Kälbern, deren Leben und Verhalten ich jetzt kennenlernen wollte. Der Förster erzählte mir von einer Elin, die schon gesetzt haben sollte. Ihr Einstand in einem lichten älteren Erlenbestand mit vielen Sträuchern war schwer zugänglich. Außerdem sollte diese Elin sehr angriffslustig sein. Ich sollte ihr möglichst aus dem Wege gehen. Fast alle führenden Elchtiere sollten mit besonderer Vorsicht beobachtet und fotografiert werden. Manchmal ist es nur reine Neugierde, die eine Elin veranlaßt, den Ruhestörer, der sich ihr und dem Kalb nähert, zu erkunden. Es kann aber auch zu einem Angriff kommen, der für andere Tiere und Menschen nicht ungefährlich sein kann. Mit den starken Vorderläufen und harten Schalen kann sie den Schädel oder das Rückgrat eines Hundes zerschmettern.

Diese Warnung des Försters habe ich mir wohl gemerkt und mich danach verhalten.

Geduld und Ruhe gehören zum Beobachten von Tieren, und beides hatte ich. So ließ ich mir Zeit beim Ansitz und auf der Pirsch. Der Unterschied zwischen Herbst und Frühling ist nicht nur an der Vegetation deutlich zu erkennen. Auch die Tiere haben ihr Verhalten geändert. Die Vögel haben sich auf ihre Brutreviere verteilt und verteidigen sie gegen fremde Artgenossen. Die Elche und Rehe haben ihre Sommer-Einstände bezogen. Hier haben sie ihre Ruheplätze und dort ihre Äsungsflächen. Alles dem Sinn und Zweck ihres Lebens entsprechend.

Auch auf der großen Wiese hatte der Frühling seinen Einzug gehalten. Das junge grüne Gras und die frischen Triebe an den Sträuchern zogen viele Tiere an. Elche, Rehe, Hasen und Kaninchen fanden reichlich Nahrung. Die Mäuse raschelten unter dem trockenen vorjährigen Gras und lockten die Füchse an; die vielen Vögel suchten nach ausgefallenen Samen, nach Insekten und Würmern.

Schon am dritten Tag hatte ich eine interessante Begegnung mit einem Elch. Nach einem langen Morgenansitz am Haffufer ging ich in alter gewohnter Weise, langsam und nach allen Seiten Ausschau haltend, auf dem schönen Birkenweg zum Dorf. Da

überquerte ein Elch wohl zweihundert Meter vor mir meinen Weg.
Vertraut zog er zu einer Stelle mit dichtem Gestrüpp Dort blieb er stehen und äste an den Sträuchern. Bei gutem Wind ging ich auf dem Weg weiter bis an einen Strauch. Der Elch hatte mich nicht bemerkt; so setzte ich mich auf meinen Jagdstock, nahm das Glas vor die Augen und beobachtete ihn, bis er im Gestrüpp verschwunden war.
Es war ein junger Hirsch mit schmalem Kopf und dünnem Hals. Der Bart war noch kurz, aber die Läufe schön weiß bis an den Rumpf. Wie aber sah seine Decke aus! Wie zerrupft oder von Motten zerfressen. Zwischen dem neuen glänzenden Sommerhaar hingen große Büschel von langem grauen Winterhaar. Das neue Geweih war schon im Wachsen. Zwischen den Lauschern waren zwei dicke Wulste, die mit dunklem, glänzenden Bast überzogen waren. Was für ein Geweih es einmal werden würde, das konnte man noch nicht erkennen. Hoffentlich zwei gute Schaufeln. Denn Stangenelche wurden hier nicht geschont, sie wurden noch vor der Brunft abgeschossen.
Als der Elch verschwunden war, ging auch ich weiter. Ein Frühlingstag im Mai ist doch ganz anders als ein Tag im September. Während der Herbst als Vorbote des kommenden Winters mit seinen langen kalten Nächten, dem absterbenden Laub und den kahlen Feldern den Menschen mit Wehmut erfüllt, bringt der Frühling freudige Erwartung auf bunte Farben, fröhlichen Gesang und reife Früchte.
Rechtzeitig kehrten die Zugvögel zu ihren Brutplätzen zurück. Die Winterschläfer erwachten in ihren Verstecken. Nahrungsnot und Nahrungssorgen gab es nicht mehr. Alle Tiere lebten jetzt unbekümmert, nur

dem einen Trieb gehorchend, für die Nachkommenschaft zu sorgen. Wer dem Brut- und Zeugungszwang nicht ausgesetzt ist, lebt für sich allein — oder in Gemeinschaft mit anderen Artgenossen — in den Tag hinein.

Gesunder Lebensraum

Jede Tierart hat ihren eigenen Lebensraum und ihre eigene Lebensweise. Wo der Mensch oder die Natur diese Gegebenheiten verändern, kann es zum Abwandern oder Aussterben der Tiere führen. Wer die Anlagen zur Anpassung an andere Umweltverhältnisse nicht besitzt, der ist schlecht dran. Nicht nur die Umstellung auf eine andere Ernährung, auf einen anderen Tagesrhythmus und einen anderen Lebensraum ist entscheidend. Auch Ruhestörung, Vergiftung der Luft, des Wassers und vieler Pflanzen durch Abgase und Abfallstoffe kann für die Tiere schädlich sein. Die Vögel verlassen ihre Gelege, die Säugetiere ihre Jungen, und ziehen fort.

Auf der Nehrung kannte man das alles nicht. Hier war der Lebensraum noch gesund; Störungen durch Menschen waren unbedeutend. Die Nehrung und die Küsten von Haff und Ostsee waren daher noch reich mit Tieren bevölkert, die Wald, Wasser und Sumpf liebten.

An einem Abend auf dem Heimweg vom Haff wurde ich plötzlich von einer Sumpfohreule angegriffen. Eulen habe ich hier schon viele gesehen, aber angegriffen hat mich bisher noch keine. Daß es dazu kam, hatte wohl einen besonderen Grund. Zum Glück hatte ich die Eule noch rechtzeitig gesehen und ihre Absicht erkannt. Von der Seite kam sie auf mich zugeflogen, die langen Fänge weit vorgestreckt und die

Krallen gespreizt. Sie hatte es auf meinen Kopf abgesehen. Ich bückte mich schnell, sie stieß an mir vorbei. Doch sofort machte sie kehrt und wiederholte den Angriff noch einige Male. Erst als ich im Laufschritt einen starken Baum erreicht hatte und mich dicht an seinen Stamm stellte, sie noch mit meinem Sitzstock scheuchte, ließ sie von mir ab und verschwand zwischen den Erlen.

Die Sumpfohreulen brüten am Boden. In einem Schmielenhorst, im Schilf oder einer trockenen Bodenmulde unter Binsen bauen sie ihr einfaches Nest, legen acht bis zehn Eier und verteidigen das Gelege oder die Jungen mit Todesmut und Ausdauer gegen jeden Feind. Ganz sicher hatte diese Sumpfohreule ihr Nest in meiner Nähe gehabt und wollte mich vertreiben. Das ist ihr auch gelungen; ich wagte mich nicht mehr an diese Stelle und wollte sie auch nicht mehr stören.

Der Abend war schwül. Kein Windhauch bewegte die Blätter und das Wasser der Ostsee. Kein Vogellaut war zu hören, nur das monotone Froschkonzert in den Tümpeln. Am Seestrand setzte ich mich auf ein Fischerboot und beobachtete ein fernes Wetterleuchten. Das Gewitter stand noch weit über der Ostsee; es zog immer näher. Der Himmel verdunkelte sich, und die Sterne verschwanden hinter den Wolken. Der Donner wurde immer stärker, schon konnte man einzelne Blitze erkennen. Ein leichter Wind zog auf, das Wasser geriet in Bewegung. Ich verließ meinen Sitzplatz und eilte nach Hause. Gerade rechtzeitig erreichte ich das Haus, als die erste Sturmbö um die Ecke fegte.

Jetzt wurde es ungemütlich. Woher der Sturm so plötzlich und so stark kam, konnte ich mir nicht vorstellen. Dann kam der Regen. Es goß in Strömen.

Man konnte nicht unterscheiden, wer lauter war, der Donner oder der Sturm.
So schnell wie das Gewitter gekommen war, ist es auch abgezogen. Nur das Wellenrauschen blieb zurück. Die See kochte. Wie war es möglich, daß in einer knappen Stunde das Wasser so aufgerührt wurde! Es müssen doch gewaltige Kräfte am Werk sein, gegen die der Mensch nicht ankommt . . .
Am nächsten Morgen schien wieder die Sonne. Der Sturm hatte aber einige Spuren hinterlassen, die für viele Menschen und Tiere recht unangenehm waren. Einige Netze und Boote waren beschädigt worden, viele Vogelnester von den Bäumen gerissen, die Gelege zerstört. Die Vögel flogen verängstigt umher, unentschlossen, was sie tun sollten. Einige begannen bald, neue Nester zu bauen, die meisten aber gaben diese Absicht auf. Der Paarungstrieb war bei ihnen schon erloschen und der Bruttrieb gestört.

Die Suche nach einer Elin mit Kalb war eigentlich mein größter Wunsch. Noch hatte ich kein Kalb gesehen, obwohl ich die mir vom Förster bezeichneten Revierstllen fast alle aufgesucht hatte. An der großen Wiese, auf der ich im letzten Herbst den Beschlag gesehen hatte, sollte eine Elin vor wenigen Tagen gesehen worden sein, die noch nicht gesetzt hatte. Diese Elin wollte ich beobachten. Bald hatte ich auch das Glück, sie auf der Wiese zu sehen. Mit einem Zwillingspärchen erschien sie an einem Abend noch vor Sonnenuntergang, zog zum Tümpel und schöpfte lange das klare Wasser. Die beiden Kälber blieben am Tümpelrand stehen und sahen der Mutter zu. Vom Tümpel zog die Elin zu den Sträuchern und äste eine Weile die jungen Blätter und Triebe. Dann zog sie mit

den Kälbern, die wohl schon einige Tage alt waren, durch eine Strauchlücke in das Bruch.
Es war ein schöner Anblick, diese kleine Familie, wie sie so friedlich und vertraut in der Nähe des Menschen, doch ohne es zu ahnen, sich bewegte. Wachsam sicherte die Elin immer wieder nach den Kälbern und zog ihnen sofort nach, wenn sie sich ein kurzes Stück von ihr entfernt hatten. Noch einmal habe ich die drei auf der Wiese gesehen, dann nicht mehr.

Gefährliche Begegnung

Einer anderen Elin mit einem Kalb begegnete ich einige Tage später an einer anderen Stelle. Als ich an einem frühen Morgen zum Haff ging, hörte ich das Geräusch des Rupfens und Abstreifens von Blättern in den Sträuchern. Da sah ich auch hinter einem Strauch den Kopf einer Elin. Ich näherte mich vorsichtig der Stelle auf dem Weg, von der ich durch das Glas die Elin besser sehen konnte. Der Strauch, hinter dem sie stand, war hoch; ich konnte nur ihren Kopf sehen. So beschloß ich, trotz einiger Bedenken, den Strauch zu umgehen und die Elin von der Seite zu beobachten. Noch niemals habe ich an dieser Stelle Elche gesehen und dachte auch nicht an eine kalbführende Elin. Der Boden war sehr sumpfig und mit vielen Sträuchern bewachsen. Nicht weit lag das Haff. Man konnte zwischen den Sträuchern das Wasser gut sehen.
Noch nicht sehr weit war ich vom Weg entfernt, als mich plötzlich die Elin bemerkte und nach mir sicherte. Ich stand frei, ohne jede Deckung, und die Elin hatte mich sofort gesehen. Jetzt war guter Rat teuer. Ich dachte nur an einen Rückzug. Die Ermahnung des Försters, die Wege möglichst nicht zu

verlassen und den Elchen nicht nachzuspüren, kam mir in den Sinn.

Doch es war zu spät. Ich sah die Elin vortreten, das Nackenharr aufgerichtet und den Kopf gesenkt. Daß sie ein Kalb bei sich hatte, ahnte ich nicht. Eilig machte ich kehrt und lief zum Weg. Da stolperte ich über das viele Gestrüpp am Boden, fiel hin mit dem vollen Rucksack, mit Sitzstock, Fernglas und Kamera. Als ich wieder auf den Füßen stand, drehte ich mich um und sah neben der Elin auch das Kalb. Jetzt saß mir die Angst im Nacken. Ich lief zum nächsten Baum am Weg. Atemlos erstieg ich eine Birke, die zum Glück nicht sehr stark war, und saß bald auf einem kräftigen Ast.

Die Elin kam immer näher, blieb ab und zu stehen und wartete auf das Kalb, das ihr langsam nachzog. Meine Kamera hielt alle Bilder fest, die jetzt folgten. Wieder stand die Elin und wartete auf das Kalb, das noch sehr jung und schwach auf den Läufen war. Als es die Elin erreicht hatte, schob es sich unter deren Bauch und suchte das Gesäuge. Da bekam es einen Stoß mit den Nüstern, daß es zu Boden fiel. Die Elin war sicher gereizt und böse über den Menschen, der sie gestört hatte. Immer wieder windete und sicherte sie nach allen Seiten, um den Störenfried zu entdecken. Der saß aber sicher versteckt in der Baumkrone und knipste ein Bild nach dem andern.

Meine Witterung war noch sehr frisch am Boden und in der Luft und regte die Elin immer vom neuen auf. Das sah man ihr an, wie sie mit gesträubtem Rückenhaar, und angelegten Lauschern schnaubend meine Spur bewindete. Unvorstellbar die Folgen eines Angriffs dieses erregten Tieres auf einen Menschen. Wohl eine halbe Stunde lang zog die Elin hin und her.

Sie kam bis in die Nähe des Baumes, auf dem ich saß. Dann zog sie ab. Das Kalb dicht neben sich, verschwand sie im Bruch. Als sie weit genug und nicht mehr zu sehen war, verließ ich schuldbewußt meinen luftigen Sitz und ging zum Haff.

Am Haffufer traf ich einen Mann, der einen Sack Fische nach Hause trug. Ich berichtete ihm von der Elin und dem Kalb, die ich eben gesehen hatte. Von allem anderen habe ich ihm aber nichts erzählt, auch nicht dem Förster.

Die Sonne stand schon hoch am Himmel, als ich das Haffufer erreichte. Trotzdem blieb ich noch lange auf meinem Sitzstock. Frühstückte in Ruhe und beobachtete die Enten, Taucher, Möwen und Bläßhühner, die auf Nahrungssuche waren.

Es war jetzt etwas ruhiger hier als im Herbst. Viele Tiere waren schon beim Brüten, die fremden Zuggäste waren alle fort. In dem sprießenden grünen Rohr schnarrten die Rohrsänger. Die Stockerpel paakten auf den Tümpeln oder verfolgten die fliehenden Enten über dem Wasser. Überall war Leben in dem großen Brut-Territorium; niemand störte die Tiere.

Mittags war ich wieder im Dorf. Meine Hauswirte luden mich zum Essen ein. Am Nachmittag wollten wir die durch den Sturm beschädigten Netze reparieren. Es gab ein schmackhaftes Fischgericht, dann gingen wir ans Werk. Das Knüpfen der Netze ist eine Meisterarbeit, die man beherrschen muß. Meine Hilfe war daher nicht groß. Ich konnte nur Handlangerdienste leisten. Das Garn aufspulen, Bleikugeln befestigen und nach zerrissenen Maschen suchen.

Am nächsten Tag fuhr mein Fischer wieder auf See und ich ging zum letzten Mal die gewohnten Wege. Am

übernächsten Tag, einem Sonntag, wollte ich die Nehrung verlassen.
Zur gleichen Zeit mit den Fischern verließ ich am nächsten Morgen das Dorf. Die Männer fuhren zu ihrer Arbeit, ich ging in eine schöne, belebte Frühlingslandschaft. Ohne ein bestimmtes Ziel bummelte ich zwischen Haff und See und nahm Abschied für eine längere Zeit.
Unterwegs hörte ich aus einem größeren Schilfhorst am Haff das andauernde Husten eines Elches. Das Tier war sicher von Elchrachenbremsen befallen. Diese Quälgeister setzen den Tieren arg zu. Seitdem Bär und Wolf in Ostpreußen nicht mehr vorkommen, sind diese Parasiten die schlimmsten Feinde unserer Elche. Die Elchrachenbremse ist eine Fliege, die ihre Eier an die Nasenlöcher des Elches klebt. Die ausgeschlüpften Larven wandern durch die Nasenhöhle in den Rachen. Dort saugen sie sich fest und verursachen starke Hustenreize, Entzündungen und Schluckbeschwerden. Das kann zu großen Beschwerden und bis zum Tod der befallenen Tiere führen. Doch der Bremsbefall ist nicht so stark, daß er den Elchbestand gefährdet.

Noch einmal durfte ich im Herbst auf der Nehrung die Elchbrunft erleben. Die hohe Zeit der Liebe und der Kämpfe. Nun ist das alles nur noch Erinnerung.

Der Schwarzstorch

Lange kämpfte die Aprilsonne mit dem kalten Nordostwind, der immer neue Wolken mit Schnee und Regen brachte. Endlich hatte die Sonne gesiegt. Der Nordost verzog sich in die Eiswüsten der Polarzone, und der warme Südwind kam still und leise in das Land. Man hörte kaum sein Säuseln. Aber er half der noch schwach wärmenden Sonne, die letzten Reste des Winters zu beseitigen.

Es war auch höchste Zeit, daß der Frühling einzog. Lerchen und Finken, Kiebitze und Schnepfen warteten schon auf ihre Gelege. Die Sumpfdotterblumen hatten ganz dicke Knospen, und Anemonen und Veilchen wollten ihre Blüten entfalten.
Viele Singvögel waren schon da, aber sie hielten sich in Sträuchern und Hecken versteckt. Jetzt hatte sie die warme Sonne hervorgelockt. Sie probierten ihre Stimmen und suchten nach geeigneten Nistplätzen.

Auch Freund Adebar, der weiße Storch, mußte bald eintreffen. In den großen Nestern auf den Scheunen und Ställen der Bauernhöfe würde es bald wieder lebendig werden. Der schwarze Vetter, der Waldstorch, der so selten geworden ist und der sein Leben im Wald und am Seeufer verbringt, läßt sich noch etwas mehr Zeit. Der neuntausend Kilometer lange Weg von Afrika ist auch eine Leistung, die nicht so leicht zu bewältigen ist.

Von dem weißen Storch kennt man im Dorf viele Geschichten. Von dem schwarzen Waldstorch weiß man nichts. Niemand im Dorf kennt seinen Horst. Kein Mensch hat ihn jemals klappern gehört, und

wenn er auf der Wiese überrascht wird, fliegt er eilig davon.
Weil er so heimlich und so selten ist, interessierte er mich ganz besonders. Ich habe mich an den Förster herangepirscht. Der erzählte mir, was ich anstellen solle, um diesen schwarzen Heimlichtuer sehen und beobachten zu können. Das wäre nicht leicht und kostete viel Zeit und Mühe. Aber ich habe die Waldstörche später doch oft überlistet, wenn sie glaubten ungesehen zu sein.
Noch war der Schwarzstorch nicht da, bestimmt aber schon auf dem Weg nach Europa und dem großen Wald in Masuren, in dem sein Horst war.
Als ich eines Tages mit dem Förster am Seeufer stand, kreiste ein mächtiger Vogel in großer Höhe über dem Wald. Durch unsere Gläser erkannten wir einen Schwarzstorch. Ob es einer aus dem Wald war, wußten wir nicht. Da setzte er zu immer kleiner werdenden Spiralen an, kam tiefer und landete auf einem Baum. Also konnte es nur einer von hier sein, meinte der Förster.
Wir pirschten langsam und vorsichtig zum Horstbaum, den der Förster gut kannte. Das war nicht so einfach. Der große Staatswald hier war anders als die Wälder im Westen und Süden unseres Landes. Wenn man vom Weg abbog, konnte man einen richtigen Naturwald kennenlernen. Wie im Urwald lag totes Holz herum. Junge und alte Bäume, Sträucher und Büsche wuchsen in allen Größen zwischen oft schon überständigen, alten Kiefern.
Da der Förster den Horstbaum und den Wald gut kannte, standen wir bald in Sichtweite der mächtigen Kiefernkrone, in der ein großer, dunkler Reisighaufen zu sehen war. Der Srorch stand auf dem Horst, lockerte

das Gefieder und putzte sich mit dem Schnabel das schwarzviolette Federkleid. Der Förster mußte zu seinen Leuten und verließ mich bald. Ich suchte mir einen guten Sitzplatz auf einem abgebrochenem Baumstamm und beobachtete den Storch. Nach gut zwei Stunden schwang er sich vom Horst und flog in Richtung See.

Nun war er also da, der heimliche Vogel, dem ich nun viele Tage opfern wollte, um ihn und sein Familienleben kennenzulernen.

Am nächsten Morgen in aller Frühe war ich am Horstbaum. Der Storch war nicht da. Ihn zu suchen war zwecklos. Also setzte ich mich auf den Baumstamm und lauschte in den Wald hinein. Die Bäume rauschten in dem frühen Morgenwind. Ein Specht hämmerte irgendwo. Vor mir auf einer Kiefer lockte der Wildtauber, über mir sang ein Buchfink sein Liebeslied.

Zwischen den Baumkronen schimmerte der blaue Frühlingshimmel. Die glatte Rinde in den Wipfeln leuchtete wie Messing.

Der Storch kam nicht. Gegen Mittag verließ ich den Wald. Auf einem breiten Holzabfuhrweg ging ich heimwärts.

Am späten Nachmittag nahm ich wieder den Weg zum Horstbaum. Da sah ich den Storch hoch über dem Wald kreisen. Zu ihm gesellte sich ein anderer Vogel, den ich leicht als einen zweiten Storch erkannte. Beide kreisten in weiten Bögen umeinander. Eine gute halbe Stunde dauerte das Flugspiel. Dann trennten sie sich. Der eine flog in nördlicher Richtung ab, der andere ließ sich immer tiefer fallen und landete irgendwo auf einem Baum. Als ich in die Nähe des Horstbaumes kam, sah ich ihn auf dem Ast eines anderen Baumes

stehen. Es war der Schlafbaum des Storches, den er in den nächsten Wochen jeden Abend aufgesucht hat.

Jeden Nachmittag ging ich zum Horstbaum. Am vierten Tag war der Gefährte da. Ein Storch stand auf dem Horst, der andere auf einem Ast daneben. Beide putzten sich das Gefieder. Die Begrüßungszeremonie hatte wohl bereits stattgefunden. Plötzlich lüftete der Storch auf dem Ast die Schwingen und flog davon, der andere folgte ihm.

Der Horst war im Laufe der Jahre zu einem großen Reisighaufen aufgeschichtet worden. Die untersten Knüppel waren mit Baumalgen und Moos bewachsen. Er sollte nach Meinung der Waldarbeiter schon sieben Jahre stehen. Ob aber in jedem Jahr hier auch junge Störche großgezogen wurden, wußte man nicht.
In den nächsten Tagen hielten sich die Störche auf den Wiesen oder am Seeufer auf, gegen Abend flogen sie zu ihren Schlafplätzen. Der eine Storch auf den Horst, der andere auf den Schlafbaum.

Als ich nach längerer Zeit wieder am Horst war, sah ich schon am frühen Nachmittag einen Storch mit der Ausbesserung beschäftigt. Er ordnete die Zweige und warf altes Material hinaus. Da kam sein Partner mit einem vollen Schnabel — Moos oder Gras — angeflogen. Beide stocherten lange im Horst herum. Dann richteten sie sich hoch auf, ließen die Flügelspitzen nach unten fallen, spreizten die Schwanzfedern und gaben eigenartige Kehllaute von sich. Jetzt drehten sie sich so zueinander, daß sich die Brustbeine berührten, drehten sich eng aneinander gedrückt im Kreise. Plötzlich trennten sie sich, und der eine Storch flog auf und setzte sich auf den anderen. Beide balancierten sehr umständlich mit den langen Ständern und Flügeln, um nicht vom Horst zu fallen. Endlich gelang die Begattung, beide Störche verließen den Horst und flogen zum See.

Nun wartete ich auf das Gelege. Es dauerte doch noch etwa zehn Tage, bis es so weit war. Als ich an einem frühen Nachmittag am Horst war, saß ein Storch fest auf dem Nest. Die Brutzeit hatte begonnen. Abwechselnd brüteten beide und lösten sich pünktlich ab. Bei allen Vögeln bleibt das Weibchen nachts auf dem Gelege. So konnte ich jetzt die Geschlechter unterscheiden. Das Männchen war etwas größer. In der Farbe waren beide Vögel gleich. Auffallend war das fast lautlose Verhalten beider am Horst, im Gegensatz zu den weißen Vettern.
In den nächsten Tagen war am Horst nicht viel zu sehen. Ein Storch saß auf dem Gelege, der andere suchte sich Nahrung am Seeufer, auf den Wiesen oder in den vielen Wassergräben. Wenn er satt war, kam er auch schon früher angeflogen, stellte sich bis zur Ablösung auf einen Ast und putzte sich das Gefieder.

Nach etwa vier Wochen hörte ich ein Junges im Nest piepsen. Am Abend wurde auch Futter von einem Altstorch in den Horst gewürgt. Also mußten die Jungen schon geschlüpft sein. Eifrig suchte ich in den nächsten Tagen nach den Eierschalen, habe aber nichts davon gefunden. Oft stand der brütende Storch auf und stocherte im Nest. Ob er dabei den Kot der unbeholfenen Jungen beseitigt hatte, konnte ich von unten nicht sehen. Auch, wie viele Junge es waren, konnte ich nicht ahnen. Später, als die Jungen sich schon aufrichten konnten, stellte ich fest: es waren drei. Fünfmal am Tag wurden sie gefüttert, abwechselnd von beiden Eltern.

Es war mir nicht möglich, einen Einblick in den Horst zu bekommen. Den Horstbaum oder einen anderen Baum in der Nähe zu besteigen, hatte ich Bedenken. Leicht hätte ich die scheuen Tiere stören und beunruhigen können, und das wollte ich vermeiden. Sie haben mich am Horst wohl auch niemals bemerkt. Mit dem Fernglas beobachtete ich sie erst aus der Ferne und pirschte mich vorsichtig bis zu einem bestimmten Beobachtungsplatz, von dem aus ich den Horst und den Schlafbaum der Störche gut übersehen konnte. Niemals ist ein Storch vor mir abgeflogen oder hat sich geduckt, wie es manche Vögel im Nest tun, wenn sie sich beobachtet fühlen. Wenn die Sonne sehr warm schien und der Schatten der Äste nicht über dem Horst lag, stand der alte Storch auch einmal auf und beschattete die Jungen. Dabei lüftete er die großen Schwingen und fächelte mit ihnen.

Als die Jungen schon halb befiedert waren, war ihr Futterbedarf wohl recht groß. Vom frühen Morgen bis zum späten Abend waren jetzt die beiden Alten auf Futtersuche. Bei ihrer Ankunft am Horst bettelten die Jungen wie alle Jungtiere, schlugen mit den kleinen Flügeln und zogen an den Schnäbeln der Alten.

Mit der Zeit wurde es im Horst sehr eng. Beide Alten verbrachten jetzt die Nächte auf den Ästen. Ihren Kot haben die Jungen jetzt außerhalb der Horstmulde abgesetzt. Sie schoben sich langsam rückwärts bis zum Horstrand und entleerten sich über den Rand.

Das helle Daunenkleid wurde immer mehr vom dunklen Federkleid ersetzt. In dieser Zeit sahen die Jungen recht bunt und scheckig aus. In der glühenden Sonne standen sie oft mit geöffnetem Schnabel, der große Kehlsack bewegte sich wie ein Blasebalg. Gern kraulten die Alten bei den Jungen im Gefieder.

Eines Tages stand ein Jungstorch auf dem Horstrand und schlug kräftig mit den schon ausgewachsenen Flügeln. Da verlor er das Gleichgewicht und stürzte in die Tiefe. Kurz vor dem Aufschlag auf den Boden konnte er sich auffangen und im schaukelnden Flug auf dem Boden landen. Lange stand er ängstlich und unschlüssig auf der Stelle. Zum Glück kam nach einiger Zeit ein Altstorch zum Nest, sah das Junge, landete neben ihm und ermunterte ihn zum Auffliegen, indem er selbst immer wieder kurz hoch flog. Der Junge versuchte es auch, und es gelang ihm, in noch unsicherem, schaukelndem Flug zwischen den Bäumen dem Alten zu folgen. Beide landeten auf dem Horst. Zur Belohnung gab es eine gute Portion Futter.
In der Nacht begann ein leichter Landregen. Es regnete mehrere Tage. Als ich an einem sonnigen Tag wieder am Horst war, fand ich ihn leer. Am Seeufer suchte ich nach den Störchen. Da fand ich die Familie auf einer Seewiese. Wenn die Altstörche etwas fanden, kamen die Jungen mit schlagenden Flügeln angelaufen. Auch während der Nacht blieb die ganze Familie draußen.

Ende August verließ die ganze Storchenfamilie den See und das Land für lange Zeit. Im nächsten Frühjahr kehrten die alten Störche wieder zum Horst zurück. Wo die drei Jungen geblieben sind, das konnte mir niemand sagen.
Als die Storchenfamilie schon fortgezogen war, begleitete ich eines Tages den Förster durch sein Revier. Unterwegs erzählte er mir von einem Hirsch, der in einem Revierteil jahrelang seinen Einstand hatte. Seine starke, etwas abnorme Fährte stand im Sommer auf den sandigen Wegen und im Winter im tiefen Schnee. Man hörte auch während der Brunft hin und

wieder seinen kurzen tiefen Trenser oder Sprengruf. Gesehen wurde er aber nicht.
Der zuständige Forstmeister hatte einen jungen Neffen, der nach einem gut bestandenem Examen einen Abschußhirsch erlegen sollte. Die Brunft war vorbei. Der junge Mann, der das Revier gut kannte, pirschte einige Tage durch das Revier. In der Nähe des Storchenbaumes lag eine abgebrochene Kiefer. Als der junge Mann sich zu einer Frühstückspause auf den Stamm setzen wollte, sprang ein Hirsch hinter dem Geäst auf und verschwand im dichten Unterholz. Ziemlich genau konnte der junge Jäger das Geweih des Hirsches ansprechen. Es war ein Kuriosum. Die schon zurückgesetzten Stangen waren ganz abnorm. Ohne Zögern eilte der junge Mann zu seinem Onkel und berichtete ihm von seinem Erlebnis. Dieser rief die Jägerschaft zusammen. Einige Stunden später drückten zwei erfahrene Treiber vorsichtig die Bestände durch. Fast vertraut kam der Hirsch einem Förster auf gute Schußweite vor die Büchse und brach nach dem Schuß zusammen. Der Hirsch war schon sehr alt. Er hatte einen weißgrauen Kopf und war ziemlich abgekommen. Das Geweih war eine Mißbildung. Es hatte aber zwei lange, spitze, nach vorn gerichtete Augsprossen — und die waren eine gefährliche Waffe. Das Geweih kam in die Lehrmittel-Sammlung einer Forstschule. Einen verkrüppelten Vorderlauf mit sehr langen Schalen nahm der junge Mann zum Andenken mit, und das alte zähe Wildpret kaufte eine Wildhandlung.
So konnten in den riesigen, undurchdringlichen Wäldern Ostpreußens noch Schwarzstörche leben und Hirsche alt werden, ohne von einem Menschen gesehen zu werden.

Die alte Eiche

Im Volksmund wird sie die Reformationseiche genannt. Wer ihr diese Bezeichnung gegeben hat, zu welcher Zeit und aus welchem Anlaß, wissen wir heute nicht mehr.

In den Annalen der nahegelegenen kleinen Stadt mit den alten Fachwerkhäusern, der schönen romanischen Kirche und dem kleinen, mitten in der Stadt gelegenen Rathaus aus der Frührenaissance, ist sie nicht verzeichnet. Es besteht aber kein Zweifel darüber, daß dieser Baum zur Zeit der Reformation schon ein beträchtliches Alter hatte.

Mitten in einem Urwald von Eichen, Kiefern, Haseln und anderen Holzgewächsen strebte der Sprößling in die Höhe und dem Licht entgegen. Jetzt steht er als stärkster und wohl ältester Eichenbaum in dieser Gegend unter Denkmalschutz.

Ihr langes Leben verdankt die Eiche einem ihr zusagenden, günstigen Standort an einem steilen, lehmigen Hang, der weder als Weide noch als Acker genutzt werden kann. So überließ man den Streifen Boden der Natur, die hier nach ihrem Willen schalten und walten konnte. An dem Pflanzenreichtum kann man erkennen, was sie hier zusammenträgt, vereinigt oder vernichtet.

In der riesigen Baumkrone starren zwei mächtige tote Äste in die Luft. An den verkohlten Holzresten kann man sehen, daß Blitze in den Baum einschlugen, die Rinde und den Bast zerstörten und die Äste zum Absterben brachten.

An dem starken Stamm ist die Borke an einigen Stellen von unten nach oben gerissen und vernarbt — Spuren starker Fröste, die den Saft in dem Stamm frieren

ließen und ihn bis tief in den Kern sprengten. Am oberen Stammende zeigen große knollenartige Wucherungen Pilzerkrankungen an, die sich an Wundstellen abgebrochener Äste oder durch andere Verletzungen angesiedelt und diese Auswüchse verursacht haben. Der Baum hat aber alle Schäden und Krankheiten gut überstanden. Er ergrünt in jedem Frühjahr, trägt reichlich Frucht und ernährt unzählige Tiere.
Geschichtliche Ereignisse sind Marksteine im Ablauf einer bestimmten Zeit. Der Mensch hat eine nur wenige Jahrzehnte dauernde Lebensgeschichte. Insekten eine viel kürzere. Am längsten leben Bäume. Mammutbäume und Drachenbäume werden bis zu sechstausend Jahre alt, Eichen bis über tausend Jahre. Tausendjährige Eichen sind in Deutschland aber so selten wie hundertjährige Menschen.
Was ein Mensch in einem siebzigjährigen Leben erlebt und in seinem Gedächtnis speichert, würde Bände füllen. Was ein siebenhundertjähriger Baum erlebt hat, würde wohl für eine Bibliothek reichen.
Neben Eiben und Wacholder gehören Eichen zu den langlebigsten Baumarten in unseren Zonen. Sechshundert- bis achthunderjährige Eichen sind keine Seltenheit. Große Eichenwälder und alte Eichenalleen gibt es aber nur im Spessart, in der Pfalz, im Reinhardswald und auf einigen ostpreußischen Gütern.
Schon bei den Germanen galt die Eiche als Götterbaum. Sie war dem Gott Donar geweiht. Unter mächtigen Eichen wurden die Altäre errichtet und den Göttern Opfer dargebracht. Ihre Toten bestatteten die Alten in Eichensärgen. Die ausgehöhlten Bäume überdauerten die Toten um viele Jahrzehnte.
Welche Bedeutung Eichen auch im Mittelalter hatten, beweisen viele Verordnungen regierender Fürsten. Die

wohl seltsamste Verfügung erließ Friedrich Wilhelm I., als er jedem Brautpaar zur Pflicht machte, vor der eine bestimmte Zahl von Eichen zu pflanzen. Auch Friedrich der Große liebte Eichen und ließ sie in seinen Parkanlagen, Alleen und überall im Lande anpflanzen, wo sie nur wachsen konnten.

Eichen sind tropischer Herkunft. Sie sind erst spät nach der letzten Eiszeit in Mitteleuropa heimisch geworden. Pollenstaubanalysen geben die Zeit ihres Einzuges in Norddeutschland um sechstausend Jahre vor Christi an. Heute wachsen Eichen von den Pyrenäen bis zum Ural und im Norden bis nach Finnland hinauf. Tiefgehende und starke Wurzeln geben diesen Bäumen festen Halt im Boden. Dichte Böden werden aufgelockert und die Nährstoffe bis tief in den Untergrund genutzt. Der Wasserbedarf ist geringer als bei den Buchen, dagegen ist der Bedarf an Licht sehr groß. Die Hofeichen in Norddeutschland schützen die einzelliegenden Bauernhöfe vor Sturmschäden. Es sind meist alte, knorrige Traubeneichen.

Der Tisch ist reich gedeckt

Viele Tiere haben sich auf Eichen spezialisiert. Sie bieten einen willkommenen Tisch für Insekten, Vögel und Säugetiere. Im Holz unter der Rinde, auf den Blättern und an den Wurzeln leben sie von den Säften und festen Substanzen des Baumes. Als stets hungrige Zaungäste finden sich Wildtiere unter den Eichen ein. Rotwild, Damwild, Schwarzwild, Rehe, Eichelhäher, Tauben und Mäuse nehmen Eicheln gern auf.

Gefährliche Feinde sind viele Insekten und ihre Larven. Nicht selten bringen sie die Eichen zum Absterben, wenn sie das Laub abfressen, im Holz

Gänge und Löcher bohren und die Saftleitungen zerstören. Die unsichtbare Bildung von Stärke und Zucker in den Blättern der Eiche lockt unzählige Käfer, Falter, Schwärmer und Fliegen an. Sie saugen den nahrhaften Trank aus den Blättern oder fressen das grüne Blattgewebe.

Auf einem jungen grünen Blatt sitzt eine fette grüne Raupe. Ihre mahlenden Kiefer sägen unaufhaltsam über das Blatt. Sie zerschneiden das Blattgewebe, dessen Oberseite mit einer glatten, harten Wachsschicht überzogen ist, die das Blattinnere schützt. An der Unterseite befinden sich zahllose Spaltöffnungen, durch die das Blatt Kohlensäure aus der Luft einatmet und Sauerstoff ausatmet. Die Spaltöffnungen werden von Schließzellen reguliert, die sich an sonnigen Tagen öffnen und in der Nacht oder bei Regenwetter schließen.

Die Raupe zerstört die Zellen des Blattes, in deren Innern sich zahllose Chloroplasten, winzige grüne Zellkörper, und das trübe, flüssige Protoplasma befinden. Die Raupe frißt die grünen Chloroplasten, die in dem Protoplasma schwimmen und in denen sich unablässig Stärke und Zucker aus Kohlensäure und Wasser bilden. Etwa zwei Millionen Chloroplasten sind in einem Eichenblatt vorhanden, über eine Million Blätter hat ein ausgewachsener Eichenbaum...

Die Raupe des Eichenspinners ist voll ausgewachsen. Sie steht kurz vor dem Verpuppen. An einem feinen Faden läßt sie sich zur Erde fallen. Im Boden verpuppt sie sich. Im nächsten Jahr verläßt ein neuer Eichenspinner die Puppenhülle und sorgt als fliegender Falter für die Erhaltung der Art.

Unter vielen grünen Eichenblättern kann man im Frühjahr und Sommer eigenartige kuglige Gebilde sehen, die ein Insekt verursacht hat, die Eichengallwespe. Diese Wespe hat mit ihrem Legestachel ein Ei in das Blattgewebe an der Unterseite gelegt. Daraus ist eine kleine weiße Larve geschlüpft. Sie verursacht die Bildung des Gallapfels. Der Gallapfel wächst mit der zunehmenden Größe der Made und erreicht bis zu drei Zentimeter Durchmesser. Mehrere Galläpfel können sich an einem Blatt befinden; viele Blätter können an einem Baum befallen sein. In diesen Galläpfeln haben die Larven Schutz und Nahrung.

Die Eichengallwespe gehört zu der großen Gruppe von Wespen mit der sogenannten Wespentaille. Das Insekt ist braun bis schwarz, hat durchsichtige Flügel und ist wesentlich kleiner und zarter als die bekannten zitronengelben, stechlustigen deutschen Wespen. Sie hat sich auf Eichen spezialisiert. Im Herbst, wenn das Laub der Eichen sich zu verfärben beginnt, ist die Gallwespe in ihrem Gallapfel fertig entwickelt. Sie nagt sich durch die Wand des Apfels und fliegt hinaus in die kühle Herbstluft. Es ist ein Weibchen. Denn diese Generation bringt nur Weibchen hervor, die sich aber durch Jungfernzeugung weiter fortpflanzen.

Im späten Herbst, wenn die Eichen neue Blattknospen gebildet haben, sucht die Gallwespe die harten, fest verschlossenen Winterknospen auf, durchbohrt mit ihrem Legestachel in mühsamer Arbeit die Knospe bis zur Blattanlage, senkt ihre Eier hinein und stirbt.

Die aus den Eiern schlüpfenden Larven machen im Laufe des Winters und Frühjahrs ihre ganze Entwicklung durch. Wenn die Eiche im Frühjahr ihr junges grünes Laub entfaltet hat, fliegen die fertigen jungen Wespen in die Welt. Jetzt aber beide Geschlechter. Sie paaren sich, die Weibchen legen ihre Eier in das junge Blattgewebe. Die ausgeschlüpfte Larve verursacht erneut die Bildung der anfangs hellgrünen, später blauvioletten Galläpfel. So geht es weiter, Zeugen und Vergehen, von einer Generation zur anderen.

An unseren Eichen leben auch viele Käfer, die sich auf diese Baumart spezialisiert haben. Wenn diese Bäume, besonders die alten unter ihnen, weiter so rücksichtslos gefällt werden wie bisher, werden auch viele Insekten vernichtet und verschwinden für immer aus unserer Landschaft.

Seltsame Lebensformen und Gewohnheiten haben manche Käfer angenommen, um den Kampf ums Dasein zu bestehen und die Art zu erhalten. So haben einige Käferarten, die unter der Borke im Holz der Bäume leben und als Holzbrüter bekannt sind, eine seltsame Brutpflege entwickelt. Diese Käfer, die auch an unseren Eichen leben, beeinträchtigen den Wuchs der Bäume und mindern deren Wert. Sie legen Pilzkulturen in ihren Fraßgängen oder Brutkammern an, von denen die geschlüpften Larven und Jungkäfer leben.

Diese Beziehung zwischen Käfer und Pilz ist für die Lebenserhaltung der Käfer wichtig. Wird aus irgend einem Grund das Pilzmyzel vernichtet, sterben die Larven und Jungkäfer an Futtermangel. Der Pilz, der von dem Saft des Baumes lebt, wird von den Käfern sorgfältig gepflegt, von Unrat, Kot und schädlichen Bakterien gereinigt und das Myzel überall dort angelegt, wo das Käferweibchen später die Eier ablegt. Einige Käferarten legen dafür besondere Brutkammern an, andere benutzen dafür nur die einfachen Fraßgänge. Einige Arten leben in einer großen Familiengemeinschaft, bei anderen trennen sich schon die Larven oder Jungkäfer voneinander.

Jede Käferart nagt unter der Rinde ein besonderes Muster, auch Petschaft genannt, in das Holz. An den Fraßbildern kann man die Käferart bestimmen. So gibt es einfache Längsgänge, Leitergänge, Gabelgänge, Sterngänge und andere mehr. An den befallenen Stämmen kann man das herausgefallene Bohrmehl und den dunklen Kot der Tiere sehen.

Neben den vielen Schadinsekten, die an unseren Eichen leben und Rinde, Bast, Holz, Wurzeln, Blätter, Knospen und junge Triebe schädigen, gibt es auch eine Menge harmloser und sogar nützlicher Tierarten. Zu den harmlosen Insekten gehört der Hirschkäfer. Er ist der größte Käfer, der in Deutschland vorkommt, und wurde wegen seiner Seltenheit und Schönheit unter Naturschutz gestellt. Er wird bis zu acht Zentimeter groß und lebt von dem Saft der Bäume, der aus verschiedenen Wundstellen, Rissen und Bruchstellen aus dem Stamm tropft. Mit der pinselförmigen Zunge schleckert er den Saft, ohne an dem Baum einen Schaden zu verursachen.

Die Männchen haben ein eindruckvolles Geweih als Zierwaffe, die aber keinerlei Bedeutung hat. Die Weibchen haben dafür starke und scharfe Zähne, mit denen sie morsches Holz und Mull zermahlen, um darin die Eier unterzubringen. An schwülen Abenden im Juni und Juli fliegen die Hirschkäfer mit lautem Gebrumm umher, um sich zu paaren und neue Brut — und Futterplätze zu suchen. Dabei fallen sie oft den vielen Feinden zum Opfer. Besonders die großen Waldvögel, Eulen, Spechte und Häher, greifen die großen schwerfälligen Käfer. Doch der größte Feind ist der Mensch, der die Tiere für seine Sammlungen fängt und ihnen durch Beseitigung von morschen Baumstümpfen die Lebensgrundlage entzieht.

Nach der Paarung legt das Hirschkäferweibchen übrigens die Eier an morsche Wurzeln oder in zerfallene, mulmige Eichenstümpfe. Mehrere Jahre leben die Larven im Mull. Dann verpuppen sie sich, und nach einem Jahr verläßt ein junger Hirschkäfer die Puppenhülle.

Modernde Baumstümpfe und Baumwurzeln haben eine eigene Geschichte. Sie sind gefährliche Krankheitsherde und Brutstätten vieler Pflanzenschädlinge. Baumalgen, Pilze und viele kleinere Tiere leben in dem weichen, warmen Mull. Besonders gern leben darin Insekten: Rüsselkäfer, Zangenböcke, Raubfliegen, Ameisen, Tausendfüßler und viele andere Arten.

Pflanzliche Parasiten sind seltener auf Eichen anzutreffen. Mehltau, Feuerschwamm, Eichenwurzeltöter und Stockfäule befallen hauptsächlich Bäume, die durch Blitzschlag, Windbruch oder andere Verletzungen bereits geschädigt sind.

Eichen wachsen langsam und leben sehr lange. Ihr hartes, festes Holz überdauert Menschengeschlechter. Alte Gebäude, Möbel und Geräte aus Eichenholz sind oft mehrere hundert Jahre alt.

Wir können nur hoffen, daß die alten Eichen in Deutschland nicht einer „modernen“ Waldwirtschaft oder anderen Interessen zum Opfer fallen. Leider werden bei uns schon zu viele alte Kulturdenkmäler mit Seltenheitswert aus wirtschaftlichen Gründen oder aus Unkenntnis vernichtet.

Das Kranichbruch

Eingebettet in einen großen Talkessel, von weiten Wäldern, Wiesen und Ackerflächen umgeben, lag das kleine, wirtschaftlich unbedeutende Kranichbruch — Rest eines großen Sumpfes, der einmal ein See gewesen war. Viele lebende Schätze waren in ihm verborgen, die nur den Naturfreunden bekannt waren. Im Sumpf, in den Weihern und Tümpeln, im Rohr, Schilf und Strauchgestrüpp lebten unzählige Tiere, geheimnisvoll und verborgen.

Unter dem Namen Kranichbruch war dieses Stück Land in Ostpreußen bei der einheimischen Bevölkerung seit Generationen bekannt. Es war ein Dorado, eine Insel des Friedens, der Ruhe und Sicherheit im weiten Umkreis für alle Tiere, die Sumpf und Wasser liebten. Auch mancher alte Hirsch, Bock oder Keiler hat hier seine letzte Zuflucht und sein Lebensende gefunden.

Doch die Zeit war schon abzusehen, da der letzte Weiher und Tümpel austrocknen würde. Immer mehr Bäume und Sträucher siedelten sich an den trockenen Stellen an, Rohr und Schilf verschwanden von der Bildfläche. So verkleinerte sich auch der Lebensraum für viele Tiere und Pflanzen, wie sie seit Jahrhunderten hier gelebt hatten und gestorben waren. Auch der Mensch hat zu dieser fortschreitenden Veränderung beigetragen. Durch eine systematische Entwässerung der umliegenden Flächen wurde der Grundwasserstand gesenkt und das Wasser in Gräben und Dränagen abgeleitet. Der trockene Boden wurde als Acker und Wiese nutzbar gemacht.

Niemand dachte dabei an die Tiere, die hier lebten. Sie fanden bald keinen Schutz und keine Nahrung mehr, sie gingen zugrunde oder verließen die Gegend.
Zu den letzten und seltenen Tieren im Bruch gehörte auch ein Kranichpaar. Noch vor einem Menschenalter sollen hier viele Kraniche gelebt und gebrütet haben. Da war das Bruch auch noch viel größer. Jetzt kommt nur noch ein Kranichpaar in jedem Frühjahr aus dem fernen Afrika, brütet die beiden Jungen aus und verschwindet im Herbst mit anderen Artgenossen wieder in die Ferne. Die Jungen kommen niemals wieder. Sie schließen sich anderen Artgenossen an und ziehen weiter zu den großen Mooren und Sümpfen in den nordischen Ländern.
So wie der Elch, die größte Hirschart der Erde, sein Leben nur in Sümpfen, Mooren und Bruchwäldern verbringt, so ist auch der größte Vogel Europas, der Kranich, auf Sümpfe angewiesen, die ihm die wichtigsten Lebensbedingungen, Nahrung und Sicherheit bieten. Kraniche gehören zu den Kulturflüchtern und werden sich wohl niemals an eine hochkultivierte Landschaft gewöhnen. Im Kranichbruch haben sie noch die erforderliche Nahrung, Ruhe und Sicherheit.

Die Zugvögel kehren zurück

Es war Ende März. Die ersten Zugvögel kehrten aus dem Süden in ihre Brutgebiete zurück. Schon mehrere Kranichtrupps hatten das Land überflogen, zogen aber weiter nach Norden und Osten. Mit unbändiger Gewalt zog sie der Bruttrieb zu den fernen Brutstätten, den großen Sümpfen und Mooren Skandinaviens.
Wieder überflog ein großer Trupp die Gegend, in der das Kranichbruch lag. Plötzlich scherten zwei Tiere

aus der Mitte des Geschwaders aus, machten im Gleitflug eine große Schleife, immer tiefer fallend, und hielten Ausschau nach dem kleinen Bruch, in dem ihr Horstplatz lag. Die schöne keilförmige Flugordnung des Geschwaders geriet durcheinander, denn auch andere Tiere folgten den beiden Abgesonderten. Der ganze Flug kam ins Stocken. Ein lautes Rufen, Kurven, Steigen und Fallen begann. Der Anführer, ein alter, erfahrener Hahn, rief die Abgesonderten zurück. Aber es dauerte doch eine längere Zeit, bis sich alle Tiere zusammenfanden und dem Hahn anschlossen. Einige Male kreiste der Trupp noch über dem Wald, dann war die Flugordnung hergestellt und der Hahn nahm die eingeschlagene Flugrichtung wieder auf. Bald war der große Trupp nicht mehr zu sehen.

Das Paar vom Kranichbruch schloß sich den anderen nicht mehr an. Es flog noch mehrere Schleifen über dem Bruch und landete auf einem grünen Saatfeld am Waldrand. Lange Zeit standen beide Kraniche hoch aufgerichtet und hielten Umschau nach allen Seiten. Hier waren sie zu Hause. Der Wald, das Bruch, die Felder und Wiesen, alles war ihnen vertraut. Plötzlich fächerte der Hahn die großen Schwingen und schmetterte mit lauter Stimme ein „Kruhh—ruh, Kruhh—ruh“ nach allen Seiten. Auch die Henne schloß sich der Begrüßungshymne an.

Immer wieder fächerten beide Tiere die Schwingen und riefen laut, als wollten sie allen Tieren ihre Ankuft mitteilen, mit denen sie den letzten Sommer hier verlebt hatten.

Dann beruhigten sie sich und begannen zu äsen. Die jungen grünen Roggenpflanzen, die sie so lange Zeit entbehrt hatten, waren doch etwas anderes als die Sumpf- und Wasserpflanzen am Nil. Auch die kleinen Kieselsteine, die sie für die Verdauung nötig haben, gab es dort nicht. Nur Schlamm und Schlick. Trotzdem waren sie beim Abflug aus Afrika gut genährt. Doch der weite anstrengende Flug hatte an ihren Reserven gezehrt, und nun waren sie mager und hungrig. Mit Eifer nahmen sie die grünen Pflanzen auf, bis sie satt waren. Dann putzten und ordneten sie ihr Gefieder, das nach dem langen Flug arg zerzaust war. Plötzlich erhoben sie sich und flogen niedrig eine große Schleife über die Felder. Sie entdeckten ein abgeerntetes Kartoffelfeld und ließen sich darauf nieder. Die weiß leuchtende Kartoffelstärke ist ihre Lieblingsnahrung. Auf diesem Feld blieben sie, bis die schräg fallenden Strahlen den baldigen Sonnenuntergang anzeigten. Kurz bevor die Sonne hinter dem Horizont versank, streckten sich beide Kraniche in die Höhe, schmetterten ein lautes „Kruhh-ruhh" in die Ferne und führten einen leichten, beschwingten Tanz voreinander auf. Als die Sonne hinter dem großen Wald langsam versank, erhoben sich beide Tiere zugleich und flogen geradewegs zum Bruch.

Ganz niedrig über Bäumen und Sträuchern, Sumpf und Wasser, überflogen sie mehrere Male das Bruch, nach allen Seiten spähend, um keine Veränderung zu übersehen. In der Nähe des Horstes ließen sie sich nieder. Der sumpfige Boden war stellenweise noch gefroren. An schattigen Stellen lagen Schneereste. Die Kraniche störte das nicht. Sie stelzten noch eine Weile auf dem Horstplatz umher, und als es zu dunkeln begann, stellten sie sich nebeneinander und verbrachten stehend die erste Nacht in ihrer vertrauten Umgebung.

Ein dünner Nebelschleier bedeckte das Bruch. Auf der Spitze einer Fichte saß noch ein Amselhahn und sang

ein Abendlied. Dann verstummte er und suchte seinen Schlafplatz auf. Der Nebel wurde dichter. Die Dunkelheit nahm zu, die Konturen der Bäume und Sträucher vermischten sich. Die Kraniche standen auf ihrem Horstplatz. Den Schnabel im Gefieder verborgen, schliefen sie dem neuen Tag entgegen.

Eine Nacht im Vorfrühling

Solche Nächte verbergen dem menschlichen Auge manches Geheimnis. Vieles kann man nur hören oder ahnen. Die Winterschläfer erwachen jetzt aus ihrem langen Schlaf. Sie verlassen auf schwachen Füßen ihre Winterverstecke. Aus Erdlöchern, Laubhau-fen, modernden Baumstümpfen, aus dem Schlamm der Teiche und Weiher kriechen die müden und hungrigen Tiere hervor. Der Selbsterhaltungstrieb beherrscht sie jetzt alle. „Hunger —Hunger!" möchten sie alle rufen. Jetzt, da der Lebenswille erwacht ist, der Herzschlag sich einpendelt und die Atmung sich normalisiert hat, kommt auch das Hungergefühl. So kriecht und schleicht, klettert und schwimmt alles Getier, das den langen Winter gut überstanden hat, und denkt nur an Fressen. Später erwacht auch der Fortpflanzungstrieb. Von der Selbsterhaltung geht es zur Arterhaltung.
Mitten in der Nacht erschraken beide Kraniche, als über ihnen ein großer Vogel vorbeiflog und einen schrecklichen Schrei ausstieß. In Sekundenschnelle standen sie auf beiden Füßen, streckten die langen Hälse nach oben und lauschten angespannt. Ein zweiter Vogel folgte und ein ähnlicher Schrei. Da wußten die Kraniche, wer es war. Sie beruhigten sich, nahmen die alte Schlafstellung wieder ein und schliefen weiter. Von den Waldkäuzen drohte keine Gefahr.

Im Wald und über dem Bruch wurde es jetzt lebendig. Die Waldkäuze balzten. Als Nachtvögeln gehörte die Zeit bis zum Sonnenaufgang ihnen. Lautlos segelten sie durch die dunkle Nacht, spähten nach Beute. Wehe der Maus oder dem schlafenden Vogel, der nicht genug Deckung hatte oder nicht flink genug war. Er wurde von der Eule ergriffen, erdolcht und verschlungen. Ausgestattet mit einem feinen Gehör, das den leisen Mausepfiff oder das Rascheln im Gras auf weite Entfernung vernimmt, stürzt sich der Greif auf sein Opfer. Mit dem starken Krummschnabel zerschmettert er den Kopf oder das Rückgrat der Beute und verschlingt sie, ohne sie zu rupfen oder zu zerstückeln. Als Gewöll werden die nicht verdauten Teile — Knochen, Federn und Haare — später ausgewürgt. In dieser Nacht hatten die Eulen aber andere Absichten. Sie waren in Balzstimmung und auf der Suche nach einem Partner. Das Rufen und Jagen war das Balzspiel der Waldkäuze. Um Bäume und Sträucher, über Schilf und Sumpf verfolgten sie sich mit unvorstellbarer Geschwindigkeit und Geschicklichkeit. Ihr unheimlicher Liebesgesang mit Heulen, Fauchen, Klagen und Kreischen wirkte auf andere Ohren wie ein schauerlich — grusliger Geisterspuk. Nicht ohne Grund nennt man ihn auch den Totengesang, aus uralten Zeiten übernommen, aus Zeiten der Geisterlehren und Totenkulte.

Im Osten kündete ein Lichtschein den neuen Tag an. Am Himmel verblaßten die Sterne. Im Bruch unter der dichten Nebeldecke war es noch dämmrig, kühl und feucht. An den kahlen Ästen und Zweigen hingen dicke Tautropfen. Es konnte noch eine Weile dauern, bis der Nebel sich auflösen und die Sicht freigeben würde. So lange würden auch die Kraniche warten müssen, um auf die Felder fliegen zu können. Wach waren sie aber schon lange. Als die Eulenrufe verstummten, der Amselhahn auf einem Birkenzweig sein Morgenlied begann, die Mäuse im trockenen Gras raschelten, da waren die Kraniche schon munter. Sie stelzten auf dem Horstplatz umher, untersuchten Graskampen und Sträucher und schließlich auch den Horst, der im Winter von einer Wildschweinrotte arg beschädigt worden war. Sie hoben auch mal einen Rohrstengel oder einen toten Zweig auf, ließen ihn aber wieder fallen. Der Bruttrieb war noch nicht erwacht, und sie hatten noch kein Interesse für den Horst.

Zögernd löste sich der Nebel auf. Die feinen Tautropfen verdichteten sich zu großen Wassertropfen und fielen zur Erde. Die ersten Sonnenstrahlen fielen auf das Bruch. Da streckten sich die Kraniche weit in die Höhe, blickten der aufgehenden Sonne entgegen und schmetterten ein lautes „Kruh-ruh, Kruh-ruh" in den stillen Morgen. Von jetzt an konnte man an jedem Morgen die Fanfaren aus dem Kranichbruch hören.

Zu Okuli...

Noch ein anderer Zugvogel kehrte zur gleichen Zeit in das Kranichbruch zurück — die Schnepfe. Oder, wie die Menschen sagen: der Vogel mit dem langen Gesicht. Gerade zum Sonntag Okuli. Zu dieser Zeit kommen sie, meinen die Jäger und gehen auf den Schnepfenstrich. Dann jubelt das Jägerherz, denn mit der Schnepfenjagd beginnt das eigentliche Jagdjahr.

Wer Schnepfen im Revier hat, auch wenn es nur Durchzügler sind, bleibt in dieser Zeit am Abend und am Morgen nicht zu Hause. Das Frühlingserwachen in

der Natur ist bei Sonnenaufgang und Sonnenuntergang ein unbeschreiblich schönes Erlebnis.
In dunkler Nacht ziehen die Schnepfen, vom Mittelmeer kommend, einzeln zu ihren Brutplätzen. Bei Sturm und Regen bleiben sie manchmal tagelang an einer Stelle liegen, die ihnen Schutz und Nahrung bietet. Dagegen halten sie sich bei schönem Wetter nirgends lange auf. Nur am Tag liegen sie fest in voller Deckung, im hohen Gras, unter freien Wurzeln oder unter dichten Sträuchern. Das Buschieren mit einem guten Hund macht dann viel Freude. Schnepfen halten ihre Zugstraße genau ein. Das wissen die Schnepfenjäger und stellen sich nur dort an, wo Schnepfen ziehen oder liegen. Den Weg finden die Vögel bei Nacht und Nebel nur mit Hilfe ihres Orientierunssinnes. Schnepfenvögel gibt es in vielen Arten auf der Erde, vom kleinen Regenpfeifer bis zum großen Brachvogel. Verwandte sind der Kiebitz, die Bekassine, der Strandläufer und viele andere Unterarten.

Eines haben alle Schnepfenvögel gemeinsam; sie lieben und bevorzugen feuchtes Gelände. Ihre Lebensräume sind daher schlammige See-Ufer, Flüsse, Sümpfe, Moore und Brüche. Auch die Waldschnepfen lieben einen feuchten, unterholzreichen Wald und buschreiche Moore.
Am Rande des Kranichbruches, neben einer dicken Kiefer, im hohen Riedgras, bauten sich die Schnepfen ein einfaches Nest. Brüteten ihre vier Jungen aus, die als Nestflüchter sofort das Nest verließen und sich mit den Alten auf Nahrungssuche begeben. Während der Balz verfolgten die Schnepfenhähne die Hennen mit lautem Quorren und Puitzen bis in die Nacht.
Schnepfenbraten ist übrigens eine Delikatesse. Die

Schnepfenfedern an den Flügelspitzen sind ein bevorzugtes Werkzeug der Kunstmaler.
Wenn die Venus, der Schnepfenstern, strahlend hoch am Himmel steht, dann werden die Schnepfen munter. Als Nacht- und Dämmerungsvögel verbringen sie den Tag an einer geschützten Stelle. In der Dämmerung steigen sie auf, fliegen gern an Waldrändern über Schneisen und Bäume und suchen nach Wasserpfützen oder Schlammstellen, in denen sie mit ihrem langen Schnabel, dem Stecher, nach Würmern suchen. Der Schnepfenschnabel ist ein raffiniertes Werkzeug, das jeden Wurm aus seiner Röhre zieht. Die großen und sehr hoch am Kopf sitzenden Augen beobachten ständig die Umgebung. Bei Überraschung oder Gefahr drücken sich die Schnepfen an den Boden oder schleichen geduckt in die nächste Deckung. Fühlen sie sich entdeckt, steigen sie so plötzlich und mit so lautem Geräusch auf, daß Fuchs, Marder oder Mensch erschrocken stutzen und die Schnepfen entkommen können.
Im Kranichbruch sind Waldschnepfen, neben vielen Durchzüglern, auch Standvögel. Sie brüten hier in jedem Jahr und werden wohl auch bleiben, so lange noch Tümpel und Sumpf ihnen Schutz und Nahrung bieten .

Überall regt sich das Leben

Der April zeigte sich von der besten Seite. Den ganzen Tag über schien die Sonne. Die Spuren des Winters waren überall verschwunden. Der Boden war frostfrei, Schnee und Eis nirgends mehr zu sehen. Im Kranichbruch zeigten sich die ersten grünen Grasspitzen, und an den Bäumen und Sträuchern brachen die Blattknospen auf. In den Tümpeln und Weihern erwachten

die letzten Wasserinsekten, die den Winter im Schlamm oder unter Wasserpflanzen verbracht hatten. Das Hungergefühl beherrschte sie jetzt alle. Die einen machten Jagd auf lebende Beutetiere, andere raspelten an den jungen Pflanzentrieben. Überall war Bewegung, besonders an den sonnigen, warmen Wasserstellen. Aus ihren trockenen Winterverstecken, — Erdlöchern, Wurzel-stöcken und Laubhaufen — kamen auch die Kröten, Molche und Salamander zu den Wasserstellen, um sich zu paaren und ihren Laich im Wasser abzusetzen. Fast jeden Tag konnte man im Bruch neue Tiere entdecken, die entweder aus dem Winterschlaf erwacht oder als Zugvögel aus ihren Winterquartieren zurückgekehrt waren.
Drei Wochen weilte das Kranichpaar schon im Bruch. Die Tage verbrachten die Vögel auf den Feldern, die Nächte auf dem Horstplatz. Würdevoll stelzten sie umher. Nahmen nur die besten Leckerbissen zu sich: junge Pflanzentriebe, Saatkörner, Knospen und auch mal einen Wurm oder Käfer. Ihre Kraftreserven waren wieder aufgefüllt für die kommende Brutzeit.
An einem sonnigen Vormittag war es dann so weit. Plötzlich begann der Hahn auf einem Saatfeld zu tanzen und zu springen. Unter lauten Rufen umkreiste er die Henne mit tiefen Verbeugungen und gefächerten Schwingen. Hoch aufgerichtet stellte er sich vor die Henne, beide Tiere schauten sich lange Auge in Auge an. Dann wieder Verbeugungen, lautes Rufen, Flügelschlagen und Springen. Die Henne hatte noch keine Balzstimmung. Geschickt und elegant wich sie dem Hahn aus. Da beruhigte der sich wieder und begann zu äsen. So vergingen noch einige Tage. Der Hahn wurde immer lebhafter und heftiger, und immer länger und öfter wiederholte er das Balzspiel. Gras, Halme und

kleine Steine warf er mit dem Schnabel vor der Henne in die Höhe, um damit anzudeuten, daß es Zeit sei, mit dem Nestbau zu beginnen und an den Nachwuchs zu denken.

An einem Vormittag, als der Hahn wieder zu balzen begann, erhob sich die Henne und flog geradewegs zum Horstplatz. Der Hahn folgte ihr. Auf dem Horstplatz setzte er die Balz fort. Die Henne verschwand hinter einem Busch. Der Hahn folgte ihr dichtauf. Dort setzte sich die Henne flach auf den Boden, und der Hahn vollzog den Tretakt. Bei fast allen freilebenden Tieren erfolgt die Begattung im Verborgenen, oft auch nur in der Dämmerung. Beide Vögel schritten jetzt zum Horst, untersuchten das zerstörte Nest, nahmen hier und da einen toten Zweig oder Halm auf, ließen ihn aber bald wieder fallen. Stelzten noch eine Weile auf dem Horstplatz umher und flogen wieder auf die Felder.

Von jetzt an hielten sich die Kraniche auch am Tag lange Zeit im Bruch auf. Sie waren mit dem Horstbau beschäftigt. Hörte man von dort die lauten Fanfaren, konnte man mit Sicherheit auf eine Begattung schließen.

Der neue Horst wurde nur wenige Meter von der alten Stelle errichtet, auf einer von Sumpf und Gräsern umgebenen flachen Erhebung. Trockene Reiser, Schilf und Rohrstengel wurden zusammengetragen und hoch aufgeschichtet. Die Horstmulde wurde mit trockenem Schilf und Gras ausgepolstert. In das fertige Nest legte die Henne bald das erste graugrüne Ei. Nach zwei Tagen das zweite. Das Brüten begann und dauerte vier Wochen. Pünktlich lösten sich beide Tiere beim Brüten ab. Die Ablösung erfolgte ganz heimlich. Geduckt und schleichend näherten sie sich dem Horst,

ebenso still und heimlich entfernten sie sich vom Brutplatz. Die übrige Zeit verbrachten sie einzeln auf den Feldern.
Dann schlüpften die braunrot gefärbten Küken. Ein dichtes Daunenkleid schützte sie vor Kälte und Nässe. In der Nacht und bei Regen nahmen die Alten sie unter ihre Fittiche. Am Tag wurden die Jungen von den Alten geführt und bewacht. Sie halfen ihnen bei der Futtersuche, pflückten und zerkleinerten junge Pflanzentriebe, zerlegten Würmer, Kerfe und andere leicht verdauliche und nahrhafte Kost, die den kleinen Mägen bekömmlich war.
Keinen Augenblick blieben die Jungen unbewacht. Immer waren die Alten bei ihnen, lockten und warnten sie. Mit scharfen Augen beobachteten sie ständig die Umgebung. Und wehe der Krähe, der Elster, dem Wiesel oder dem Iltis, der sich in ihre Nähe wagte! Der lange spitze Schnabel war eine gefährliche Waffe, vor der sogar Fuchs und Marder sich respektvoll zurückzogen. Selbst den Menschen griffen die Kraniche an, wenn er sich in ihre Nähe wagte. Wenn beide Altvögel am Horst waren, übernahm jedes Tier ein Junges, doch blieben sie immer nur wenige Schritte voneinander entfernt.

So vergingen die Tage bei der Futtersuche oder beim Ruhen. Der gute Appetit bei den Jungen machte sich bald bemerkbar. Schon mit acht Wochen waren aus den weichen flaumigen Daunen feste, starke Federn gewachsen. Die Stelzen und Flügel hatten in der kurzen Zeit eine Länge und Stärke erreicht, die man bei den kleinen Küken nicht erwartet hätte. Jetzt stelzten sie neben den Alten im Sumpf umher und suchten sich selbst ihre Nahrung. Immer wieder schlugen sie mit den Flügeln, um sie zu kräftigen und sich im Fliegen zu üben. Dann war es so weit.

Eines Tages erhob sich ein Junges, etwas schwerfällig und noch unsicher, und flog eine kurze Strecke über dem Bruch. Sofort erhob sich auch der alte Hahn und flog dicht hinterher, dem Jungen nach. Auf einer Grasfläche landete das Junge mit einem Purzelbaum, erhob sich aber gleich. Der Hahn setzte daneben auf. Beide standen lange nebeneinander und hielten Umschau. Dann erhob sich der Hahn und flog laut rufend zum Horstplatz. Das Junge folgte ihm.

Nach einigen Tagen war die ganze Familie auf einem Feld. Hier blieb sie bis zum Abend. Bei Sonnenuntergang erhoben sich alle vier zugleich und flogen zum Horstplatz. Das geschah von jetzt an jeden Tag. Morgens flogen sie auf die Felder und abends zum Horstplatz. Später blieben sie auch während der Nacht auf den Feldern.

Flug in den Süden

Es kam der September, und der Herbst hielt seinen Einzug. Nicht nur uns Menschen ist der Wechsel der Jahreszeiten eine bekannte Erscheinung, auch die Tiere spüren den bevorstehenden Winter. Die Zugvögel verlassen oft schon sehr früh ihre Brutstätten und ziehen in den sonnigen Süden. Die Winterschläfer sammeln Futtervorräte und suchen warme, wetterfeste Überwinterungsstellen. Die Pflanzen drosseln den Saftfluß und stellen die Assimilation ein. Später werfen sie das Laub ab und speichern die aufgenommenen Nährstoffe in den Wurzeln für das kommende Frühjahr. Das Wachstum wird eingestellt. Der ganze

Lebensrhythmus in der Natur wird ruhiger und langsamer.
Unseren Kranichen war der Abflug aus der vertrauten Heimat für diese Zeit eingeprägt. Ihr Verhalten hatte sich in der letzten Zeit sehr geändert. Unruhig flogen sie auf den Wiesen und Feldern umher. Riefen oft und laut und schlugen mit den Flügeln, besonders wenn in großen Höhen ein anderer Kranichtrupp die Gegend überflog. Dann steigerte sich ihr Wandertrieb so sehr, daß sie dem Trupp ein ganzes Stück nachflogen. Aber sie kehrten immer wieder zurück zu den vertrauten Feldern. Das Kranichbruch hatten sie lange nicht mehr aufgesucht. Es hatte keine Bedeutung mehr für sie, seitdem die Jungen flügge waren.

Da überflog an einem Abend ein kleiner Trupp sehr niedrig das Bruch. Unsere kleine Familie stand auf einem großen Saatfeld. Ein lautes Rufen von unten und oben setzte ein. Die Ankommenden machten eine große Schleife und landeten auf dem Saatfeld neben den vier. Die hungrigen Ankömmlinge begannen bald zu äsen. Bis zur späten Dämmerung ästen alle vertraut die grüne Saat.
Als im Osten ein heller Schein den neuen Tag ankündete, wurden die Kraniche munter. Sie verteilten sich auf dem großen Feld und ästen, bis sie alle satt waren. Dann versammelten sie sich, wie zu einem Rapport. Standen wohl eine gute halbe Stunde beisammen und erhoben sich plötzlich wie auf Kommando. Mit lauten Rufen flogen sie noch einige Kreise, dabei immer höher steigend.

Jetzt übernahm ein Tier die Führung, flog an die Spitze einer sich bildenden Keilform. In südlicher

Richtung verschwand das Geschwader mit lautem Geschrei. Für lange Zeit hatte die Familie vom Kranichbruch den Horst und das Land verlassen. Sie würde hoffentlich wiederkommen, wenn Schnepfe, Fink und Star den neuen Frühling brachten.

Zu Wasser und zu Lande

Nicht nur Sumpf- und Wassertiere bevölkern das Kranichbruch. Auch Feld- und Waldtiere suchen im Frühjahr das Bruch auf, wenn die Brut- und Setzzeit beginnt.

So hat sich auch ein Bussardpaar seinen Horst vor einigen Jahren im Kranichbruch gebaut. In einer hohen, dichten Kiefer am Rande des Bruches ist das große, kunstlose Nest. In jedem Frühjahr, zur Brutzeit, sieht man das Bussardpaar bei der Ausbesserung des Horstes. In ihren Fängen tragen sie Zweige und trockenes Gras zum Horst. Werfen verfaultes Material hinaus und befestigen den Horst für die schwere Last, die er einmal zu tragen haben wird.

Bei vielen Vögeln ist die Brutzeit eine schöne Liebeszeit. Vor allem sind es die Männchen, die das brütende Weibchen mit fröhlichem Gesang oder mit Flugspielen unterhalten. Während das Bussardweibchen die Eier bebrütet und später die Jungen wärmt und beschützt, trägt das Männchen Fraß herbei und unterhält das Weibchen mit schönen Flugspielen. Vom Horst aus sieht seine Gefährtin ihm interessiert zu und antwortet auch mal auf seinen Ruf.

Jetzt sind sie aber noch beim Horstbau, daneben treiben sie ein eifriges Paarungsspiel. Stundenlang umkreisen sie sich in luftigen Höhen mit lauten Rufen. Plötzlich lassen sie sich im Sturzflug fallen und steigen im sanften Schwung wieder in die Höhe. Müde oder hungrig geworden, lassen sie sich auf einem Baum, Pfahl oder Stein nieder und halten Ausschau nach Beute. Dann geht das Spiel weiter.

Eines Tages liegen vier grünbraune Eier in der flachen Horstmulde. Die Brutzeit hat begonnen. Nach vier Wochen sprengen die Jungen die Eierschalen. Die kleinen unbeholfenen Nestlinge sehen wie hellgraue Wollknäule aus. Nur die großen schwarzen Augen verraten, daß es lebende Wesen sind. Das Weibchen bewärmt die schwach beflaumten Jungen fast zwei Wochen lang, während das Männchen Fraß für die ganze Familie heranträgt. Später beteiligt sich auch das Weibchen an dem Beutefang. Die schnellwachsenden Jungen sind immer hungrig. Die Alten haben jetzt Mühe, sie mit Atzung zu versorgen.

Alles, was diese Greife schlagen und tragen können, wird zu ihrer Beute: Mäuse, Ratten, Schlangen, Jungvögel, junge Hasen und Kaninchen, Rebhühner und junge Fasanen.

Der Mäusebussard ist in den Augen eines Naturfreundes ein nützliches Tier. Im Haushalt der Natur hat er eine große Bedeutung. Er vertilgt eine Unmenge schädlicher Nager und Insekten. Doch gibt es auch Spezialisten, die lieber Junghasen, Fasanenküken und junge Rebhühner schlagen. Besonders groß kann ihre Schädlichkeit während der Aufzucht der Jungen sein. Dann stöbern sie alle Hecken, Büsche und Wegeränder ab und scheuen sich nicht, auch mal ein Hühnerküken aus dem Auslauf zu holen. Daher betrachten die Jäger die Mäusebussarde auch recht argewöhnisch. Wenn sie in zu großer Zahl auftreten, müssen sie bekämpft werden.

Die flüggen Jungen bleiben noch lange in der Nähe des Horstes. Die Alten lehren sie, Beute zu greifen und zu

töten. Die flinke Maus und die sich sonnende Blindschleiche, das sich drückende Fasanenküken und den Junghasen. An Ort und Stelle wird die geschlagene Beute gekröpft. Zur Nacht versammelt sich die ganze Familie in der Nähe des Horstbaumes. Erst im Herbst, wenn die Jungen schon ganz selbständig sind, verlassen sie die Alten und suchen sich eigene Jagdreviere.
Im Kranichbruch und in der Umgebung kommt der Mäusebussard nicht sehr häufig vor, er ist daher für das Wild nicht sehr gefährlich und dient mehr als Gesundheitspolizei. Man gönnt und gewährt daher dem großen Greif die Freiheit, und Jäger und Landwirte freuen sich, wenn im März und April die Bussarde mit lauten Balzrufen über dem Bruch und den Feldern ihre Kreise und Schleifen ziehen.

Zwei Raufbolde

Eines Nachts erwachte ein alter Fasanenhahn auf seinem Schlafbaum. Ein lautes Fauchen und Schnarchen weckte ihn aus seinem Schlaf. Obwohl der Mond die Stelle hell beleuchtete, konnte der Hahn nichts entdecken. Der Teufel war aber hier unten los. Ein tolles Beißen war im Gange. Der Fasanenhahn machte einen langen Hals und senkte den Kopf weit nach unten, um etwas zu sehen. Da entdeckte er ein graues Tier im Gestrüpp. Er erkannte seinen bösen Feind, den Dachs. Es war aber nicht nur einer — es waren zwei Dachse. Das konnte der alte Hahn nicht sehen. Der eine mußte wohl hart bedrängt worden sein, denn er wehrte sich und versuchte zu entkommen. Der andere ließ ihn aber nicht los. Immer wieder stürzte er sich auf den Schwächeren, packte ihn mit seinen langen Krallen am Bauch oder an der Keule und wollte ihm an die Kehle.

Der Schwächere wehrte sich nach Leibeskräften. Der Fasanenhahn fühlte sich nicht wohl in seiner Höhe, ihn störte diese Rauferei. Er überlegte, ob es nicht ratsamer sei, den Baum zu verlassen. Aber zur Nachtzeit fliegen — das ist diesen Tagvögeln doch zu unsicher. So saß er und sah den Dingen zu, die sich unter ihm abspielten.

Die beiden Dachse waren sich auf der Nahrungssuche begegnet. Es waren zwei Rüden. Der eine hatte seinen Bau in einem Sandhügel am Bruch, der andere in einer Kiefernschonung am Feldrand. Nun trafen sie sich mitten im Bruch. Der eine Dachs war ein alter Rüde, dessen Schwarte schon viele Narben hatte, Spuren schwerer Kämpfe. Der andere hätte sein Sohn gewesen sein können. Der Streit endete mit der Flucht des Jüngeren. Nun trollte er sich hinkend aus dem Bruch. Vielleicht fand er irgendwo ein Vogelnest mit Jungen, einen Junghasen oder einige fette Tauwürmer.

Der Alte leckte sich lange die zerzauste Schwarte. Dann begab er sich an einen Wassertümpel. Er war Spezialist für Enteneier. So manches Ei hatte er schon durch seine Kehle befördert. Es kam ihm auch nicht darauf an, durch tiefes Wasser zu schwimmen, um zu einem Gelege zu gelangen. Die Ente ist ihm gegenüber machtlos. Sie kann froh sein, ohne Schaden rechtzeitig vor ihm zu verschwinden.

Dem Fasanenhahn war der Ausgang des Kampfes der beiden Streitenden gleichgültig. Er war zufrieden, daß dic beiden Raufbolde ihn nicht mehr störten. Den Kopf in die Brustfedern eingezogen, schlief er wieder ein.

Nur die Enten wurden jetzt wach. Ein Erpel, in dessen Nähe eine Ente auf den Eiern saß, hörte den Dachs im Wasser planschen. Sofort erhob er sich mit lautem

Rufen. „Quak — quak — quak" rief er laut, daß alle Enten wach wurden. Jetzt sah er den Dachs aus dem Wasser steigen. Er flog ihn an und schlug ihm mit der Schwinge auf den Rücken, und als noch Verstärkung durch andere Erpel eintraf, die ihn mit dem Schnabel zwickten und mit dem Flügel schlugen, wurde es Grimmbart zu bunt. Er flüchtete in einen dichten Strauch. Hier konnten ihm die Erpel nicht mehr beikommen. Bald beruhigten sie sich auch und flogen zu ihren Schlafplätzen zurück. Nur der erste Erpel strich noch einige Male über den Strauch. Als auch er nichts mehr sah, flog er auf seinen Platz zurück. Noch lange blieb er wach und bebachtete mit scharfen Augen den Strauch, in dem der Dachs verschwunden war. Dem war aber die Lust auf Enteneier vergangen. Eilig verschwand er aus dem Bruch und suchte sich anderswo sein Futter.

Die Winterschläfer wachen auf

Kaum ist der Winter vorüber und das Kranichbruch von Eis und Schnee befreit, erwachen die Winterschläfer in den Tümpeln und Weihern. Auch aus trockenen Erdlöchern und verrotteten Baumstümpfen kommen viele Tiere, die den Winter überlebt haben, jetzt zum Wasser. Denn auch für viele Landtiere ist das Wasser die Wiege ihrer Nachkommenschaft. Hier paaren sie sich und setzen ihre Eier oder ihren Laich ab. Hierzu gehören neben vielen Landinsekten auch Kröten und Molche.

Einer der ersten Besucher war eine Erdkröte. Den Winter hatte sie in einer Kartoffelmiete verschlafen. Jetzt wurde sie von ihrem im Gehirn eingebauten Wecker geweckt. Es war Frühling. Kraniche, Wildgän-

se und Schnepfen waren unterwegs zu ihren Brutplätzen, und die Birkhähne balzten schon. Müde und hungrig bewegte sie sich, ihrem Orientierungssinn folgend, zum Bruch. Tagelang kroch sie über Äcker, Wiesen und Weiden, bis sie an einem Weiher angelangt war. Das Eis war geschmolzen, aber das Wasser war noch kalt. Das störte die Kröte nicht. Sie ist ja ein Wechselblüter und paßt sich jeder Außentemperatur an.

In den Weihern waren schon viele Wasserinsekten, Würmer und Larven aufgewacht und ruderten im Wasser oder krochen auf dem Grund umher. Für die Kröte war das eine gute Speisekarte. Sie fraß, was sie nur bekommen konnte, bis sie wieder rund und kräftig war.

Nicht lange blieb sie allein. Bald erschienen andere Kröten. Aus allen Richtungen kamen sie zum Bruch. Die kleineren Männchen und die größeren Weibchen. Erdkröten sind Frühaufsteher. Sie kommen schon sehr früh zum Wasser, um sich hier zu paaren. Auch sie hatten Hunger und dachten zuerst ans Fressen. Als aber die Sonne das Wasser immer mehr erwärmte, Schilf, Rohr und Kalmus die jungen grünen Triebe in die Luft streckten, wurden die Kröten unruhig. Die Männchen verfolgten die Weibchen, klam-merten sich mit ihren Vorderbeinen auf dem Rücken der Weibchen fest und ließen sich tragen. Der Paarungstrieb war erwacht und brachte Unruhe in allen Gewässern.

Auch die alte Kröte ließ es sich gefallen, daß der viel kleinere Kröterich sich fest mit seinen schwieligen Daumen an sie klammerte. Tagelang trug sie ihn auf ihrem Rücken herum. Verkrampft bis zur Bewegungsunfähigkeit, wäre es ihm jetzt auch nicht möglich gewesen, sich von der Kröte zu lösen. Der Geschlechstrieb dieser Kaltblüter ist so stark und die Umklammerung so fest, daß es den Tieren nicht möglich ist, sich zu trennen, bevor der Laich abgelegt und die Befruchtung erfolgt ist. Das Männchen umklammert, drückt und knetet das Weibchen so lange, bis dieses durch den Reiz zur Eiablage veranlaßt wird.

Nachdem der Laich in langen gallertartigen Schnüren ausgeschieden und gleich befruchtet wird, trennen sich die Tiere und verlassen das Wasser. Um die Nachkommen kümmert sich niemand. Den Sommer verbringen die Tiere im Wald, auf Viehweiden und in Hausgärten.

Als die Kröten schon beim Laichen waren, erschienen auch die Frösche aus dem schlammigen Untergrund der Weiher. Die braunen Grasfrösche, die grünen Wasserfrösche, die Unken und als letzte die Kreuzkröten.

Auch die Frösche haben einen ähnlichen starken Geschlechtstrieb wie die Kröten. An warmen, flachen Wasserstellen liegen nach der Ablage der Eier große Klumpen aus unzähligen kleinen schwarzen Punkten, den befruchteten Eiern. Die Unken legen ihre Eier einzeln oder in kleinen Haufen an Wasserpflanzen oder im Schlamm ab, die Kreuzkröten in langen Schnüren zwischen Wasserpflanzen.

Nach der Eiablage beginnt für diese Tiere eine schöne Zeit. Die kleinen schwarzen Punkte im Laich werden jeden Tag größer. Bald wimmelt es in allen Weihern von unzähligen schwarzbraunen Kaulquappen. Im flachen Wasser sonnen sich die dickbäuchigen Froschlarven. Die Alten stimmen ihren Liebesgesang an. Die Unken ein monotones „Ung — ung“ und die Frösche ein lautes „Är — är, ök — ök...“

Tiere im Wasser

Zwei Arten von Wasserstellen sind im Kranichbruch vorhanden: Die kleinen Tümpel und die größeren und tiefen Weiher. Tümpel sind kleine, flache Wasserstellen, die im Sommer oft austrocknen und im Winter bis auf den Grund zufrieren. In ihnen leben auch andere Tiere, die nicht ständig auf das Wasser angewiesen sind. Es sind kleine und kleinste Lebewesen. Fadenwürmer, Moostierchen, Nesseltiere und winzig kleine Krebsarten. Ist der Tümpel ausgetrocknet oder bis auf den Grund gefroren, verfallen die Tiere in eine Starre, die ihnen das Überleben der Trockenheit ermöglicht. Sammelt sich Wasser im Tümpel wieder an, erwachen sie zu neuem Leben. Diese Tiere sind sehr kurzlebig. Sie vermehren sich stark. Ihre Nahrung besteht aus verschiedenen Bakterien, verwesten Pflanzenresten und anderen Organismen. Sie sind sehr anpassungsfähig und bilden als Plankton die Hauptnahrung für größere Wassertiere.

Der Weiher ist eine größere Wasserstelle, ohne Zu- und Abfluß. In ihm leben unzählige Tierarten vom kleinsten Plankton bis zu den Fischen. Besonders reich sind die Weiher an verschiedenen Wasserinsekten. Viele dieser Bewohner haben die Fähigkeit, bei Überbevölkerung, Nahrungsmangel oder aus anderen Gründen, den Weiher fliegend zu verlassen und andere Gewässer aufzusuchen.

Neben pflanzenfressenden Insekten leben hier auch gefährliche Räuber. Im Schlamm, an Wasserpflanzen, unter Blättern, lauern sie auf Beute. Die Opfer werden entweder aufgefressen oder erst betäubt und später ausgesaugt. Viele Arten vermehren sich ungewöhnlich stark. Ihnen steht eine Massenvernichtung durch andere Tiere gegenüber. Der Schwächere muß seinen

Tribut durch die Zahl der Nachkommen sichern, um nicht auszusterben.
Tiere im Wasser zu beobachten, ist sehr viel schwieriger als auf der Erde. Wenn sie dazu noch so klein und flink sind wie die meisten Wasserinsekten, dann muß man schon sehr viel Geduld und Ausdauer haben, wenn man ihr Leben und ihr Verhalten kennenlernen will. Nirgends gibt es so viele Tiere auf einem so kleinen Raum wie in einem Weiher.
Seit zwei Stunden liegen die warmen Sonnenstrahlen auf der Wasserfläche. Die Morgensonne wärmt im Mai schon recht gut und ihr Licht dringt tief in das ruhige Naß. Es lockt viele Wassertiere aus ihren Verstecken hervor. Aus dem Pflanzengewirr steigen Käfer und Wanzen an die Wasseroberfläche, um sich zu sonnen oder Jagd auf Beute zu machen. Der helle Tag bringt Leben und Bewegung im Wasser.
Ruckartig, mit langen Stößen wie ein Schlittschuhläufer, rennt eine Schar von Wasserläufern über die Oberfläche. Das Wasserhäutchen drückt sich ein wenig durch, doch es trägt die Tiere noch. Mit ihren langen Beinen sind sie so flink, daß man Mühe hat, ihnen mit den Augen zu folgen. Sie sind sehr beschäftigt. Die Nacht war lang und jetzt haben sie Hunger. Kreuz und quer jagen sie auf dem Wasser. Fressen tote und lebende Kleininsekten, die auf das Wasser gefallen sind. Droht ihnen Gefahr, verschwinden sie blitzschnell unter Pflanzen oder springen aus dem Wasser. Auf allen stehenden Wasserstellen kommen diese Wanzen vor. Da sie auf der Wasseroberfläche leben, lassen sie sich gut beobachten.
An einer Laichkrautpflanze sitzt eine Wasserassel. Sie raspelt an einem Blatt. Plötzlich flieht sie mit einer Eile davon, sie weiß wohl selbst nicht wohin. Hinter

ihr jagt ein brauner Käfer. Die Bauchseite des Käfers ist gelb. Also ist es der gefährliche Gelbrandkäfer. Nach einigen Augenblicken hat er die Assel eingeholt, mit den Vorderbeinen gepackt und sofort die starken Kiefern zum tödlichen Biß hinter dem Kopf der Assel angesetzt. Mit der toten Assel rudert er unter ein Schilfblatt und nach kurzer Zeit hat er seine Mahlzeit beendet. Von der Assel blieb nichts übrig.

Der Käfer setzte seine Jagd fort, er tauchte in die Tiefe, um vielleicht einen Taumelkäfer oder ein anderes Tier zu erbeuten. Wird die Nahrung im Weiher knapp, steigt er in die Luft und sucht sich ein anderes Jagdrevier. Er ist auch ein guter Flieger.

Ein raupenähnliches Ungeheuer kriecht über den dunklen, sumpfigen Untergrund des Weihers. Nur langsam bewegt sich die Larve des großen Kolbenwasserkäfers. Ein furchteinflößendes, bis sieben Zentimeter großes Tier. In dem flachen Wasser liegen viele tote Blätter und Stengel. Die Larve kriecht suchend darauf herum. Plötzlich greift sie zu und holt einen Pferdeegel aus einem Versteck. Beide sind gleich groß. Ein erbitterter Kampf auf Leben und Tod beginnt. Der Egel ist der räuberischen Larve nicht gewachsen. Mit ihren starken Kiefern hat sie ihn gefaßt, getötet und stückweise aufgefressen.

Ein gutes Dutzend fingerlanger Jungfische sucht den sumpfigen Grund nach Kleinlebewesen ab. Sie kommen dabei auch in die Nähe einer im Schlamm versteckten Larve, der Königslibelle. Ein Fisch wird plötzlich von zwei langen Dornen gepackt, die sich fest in seinen Leib bohren. Der Fisch flieht mit äußerster Kraft, aber die Larve läßt nicht los. Ermattet fällt er auf den Boden. Die Larve zerstückelt ihn und verschlingt alles, was freßbar ist.

Ein Rudel schwarzer Wasserkäfer jagt einen kleinen Frosch. Ein Käfer hat den Frosch ergriffen und beißt sich an ihm fest. Die anderen Käfer kommen von allen Seiten, töten das Opfer und verzehren es gemeinsam. Diese Käfer, die im Kollektiv jagen, sind große Schädlinge in Fischzuchtbetrieben.
Alle Tiere, die in einem Weiher leben, zu beschreiben, ist unmöglich. Viele sind harmlose Vegetarier, andere sind gefährliche Räuber. Die meisten Fische leben von Plankton oder Insekten, die im Wasser leben. Nur die Hechte sind gefährliche Raubfische, die selbst für ihre eigene Art als Kannibalen gefährlich sein können. Wie es überall auf der Erde Freunde und Feinde gibt, so ist es auch im Wasser. Ein Tier ist des anderen Feind. Will man im Leben bestehen, muß man schon wachsam und reaktionsfähig sein.

Ein friedlicher Vogel

Ein häufiger Gast im Kranichbruch ist der graue Fischreiher. Ob es immer der gleiche ist, kann man nicht wissen. Die Ähnlichkeit bei vielen Vögeln ist so groß, daß sie für uns schwer zu unterscheiden sind. Ein Unterschied besteht nur zwischen den Alttieren und den Jungvögeln. Bei den jungen Fischreihern ist der Farbton des Gefieders verwischt und einfarbig grau. Auch die langen Schopffedern und die schönen schmalen Federn am Hals und auf dem Rücken fehlen bei den Jungen.
Die Fischreiher hatten ihre Horste in einer großen Reiherkolonie weit ab vom Bruch. Vor vielen Jahren hatten sich mehrere Paare ihre Horste auf den hohen Kiefern mitten in der großen staatlichen Forst gebaut. Es waren die höchsten Bäume im weiten Umkreis. Für

die Reiher waren sie gerade gut genug. Die Fischreiher lieben eine weite Sicht von ihrem Horst, um Feinde und Störenfriede rechtzeitig zu erkennen.

Die Reiherkolonie vermehrte und vergrößerte sich von Jahr zu Jahr. Wenn die fortpflanzungsfähigen Jungreiher keinen alten Horst bekommen konnten, bauten sie sich einen neuen. So waren auf manchen Bäumen schon zwei oder drei Horste in einer Krone. Die bis zu einem Meter Durchmesser großen Nester und die Horstbäume sind wie mit Kalkmilch bespritzt. Der ätzende kalkige Kot schädigt die Baumtriebe. Viele Bäume gehen davon ein.

Will man während der Horstzeit eine Reiherkolonie betreten, muß man sich auf unliebsame Überraschungen gefaßt machen. Der Geruch von Kot, Fisch und anderen Beutetieren ist unangenehm. Viele Reste fallen zur Erde und verwesen. Auch kranke und schwache Jungreiher werden immer wieder von ihren Geschwistern aus dem Horst gedrängt, und wenn sie nicht von Krähen, Bussard oder Fuchs gefressen werden, verstänkern sie die Luft. Unangenehm ist auch der dünnflüssige, ätzende Kot der Reiher. Einen Spritzer ins Auge zu bekommen, ist gefährlich. Das ununterbrochene Schreien und Krächzen der an- und abfliegenden Tiere macht keine Freude. Dagegen ist das Beobachten aus einem guten Versteck und entsprechender Entfernung ein schönes Erlebnis.

Beim Anblick des Horstes melden die Altvögel ihre Ankunft mit lauten Rufen an. Die Jungen stehen im Horst mit erhobenen Köpfen und schlagenden Flügeln. Kaum ist der Altvogel auf dem Horst gelandet, ergreifen die Jungen den Schnabel des Alten und ziehen ihn in die Horstmulde nieder. Jetzt entleert das Tier den mit Atzung gefüllten Kropf. Der Würgereiz

wird durch das Herunterziehen des Schnabels hervorgerufen.
Einen schönen Anblick bietet der fliegende Fischreiher, wenn er mit seinem unverkennbaren, nach hinten eingezogenen Kopf, dem gleichmäßigen langsamem Flügelschlag und den nach hinten ausgestreckten langen Ständern in sein Jagdrevier fliegt. Kurz vor der Landung streckt er seinen Kopf und die Ständer weit nach vorn und läßt sich federnd auf der Erde nieder. Sofort richtet er sich hoch auf und beobachtet lange Zeit die Umgebung. Hat er nichts Verdächtiges bemerkt, steigt er in das Wasser. Dabei ist er sehr darauf bedacht, die Umgebung möglichst gut übersehen zu können. Jetzt zieht er den Hals zu dem bekannten S-Zeichen ein. Mit seinen scharfen Augen sieht er jedes Tier im Wasser und jede Bewegung im weiten Umkreis. Fällt ihm etwas Besonderes auf, lüftet er die Schwingen und erhebt sich mit langsamen Flügelschlag aus dem Wasser. Auf einer übersichtlichen, erhöhten Bodenstelle läßt er sich nieder und beobachtet weiter. War die Erscheinung nur ein ungefährliches Tier, so fliegt er wieder zu seinem Anstand. Hat er aber einen Feind erkannt, so verschwindet er eilig aus dem gefährlichen Bereich.
Die Beschaffung der Atzung für die drei bis vier schnellwachsenden Jungen ist nicht leicht. Vom ersten Morgengrauen bis zum späten Abend sind die Altvögel unterwegs, um die Jungen mit Atzung zu versorgen. Da der Fischreiher nicht nur von Fischen lebt, ist er oft auch auf Wiesen und Feldern anzutreffen. Er hat gewiß keine Schuld an der Fischarmut unserer Flüsse und Seen.
Im Kranichbruch gab es auch Fische. Die Wildenten brachten in jedem Frühjahr Fischlaich an ihrem

Gefieder aus anderen Gewässern. Sie sorgten dafür, daß die Fische auch anderen Tieren zugute kamen.
Von Natur ist der Fischreiher ein friedlicher Vogel. Außer den ihm zur Nahrung dienenden Tieren tut er keinem anderen Wesen etwas zuleide. Wenn er aber angegriffen wird, von Falken, Krähen oder Bussarden, dann wehrt er sich verzweifelt mit seiner einzigen Waffe, dem langen, spitzen Schnabel. Damit verteidigt er sich auf der Erde und in der Luft.
Die Reiher verlassen uns im späten Herbst und ziehen bis nach Afrika. Anfang April sind sie wieder in ihrem Brutgebiet. Ihr einfacher, nur aus trockenen Zweigen aufgeschichteter Horst wird wieder bezogen und für das neue Gelege hergerichtet. Durch Sturm und Abbrechen der Baumäste fallen die schweren Nester nicht selten zu Boden. Dann muß ein neues Nest gebaut werden. In Gegenden, wo die Fischreiher keine geeigneten Horstbäume finden, an Meeresküsten oder auf felsigem Grund, bauen sie sich ihre Nester auch im Schilf. In Holland nisten sie sogar auf Straßenbäumen, ohne sich durch die vielen Autos stören zu lassen.

Ein seltener Gast

Sehr gefürchtet, aber zum Glück ein seltener Gast im Kranichbruch ist der Baummarder oder Edelmarder. Er kommt nicht oft, wenn er aber erscheint, dann hinterläßt er seine blutige Spur in Baum und Strauch, im Erdbau und Moor. Sein Wandertrieb läßt ihn mal hier, mal dort auftauchen. Überall, wo er erscheint, bringt er Angst und Schrecken. Die kleinen Tiere fürchten den mutigen und gewandten Räuber. Das Gebiß und die scharfen Krallen sind gefährliche Waffen. Hase und Kaninchen, Taube und Eichhörn-

chen und alle Singvögel flüchten in panischem Schrecken vor ihm. Seine unübertroffenen Kletterkünste und seine Geschmeidigkeit sind Eigenschaften, die er gewandt und verwegen zu gebrauchen weiß. In die verborgensten Schlupfwinkel, Spalten und Löcher zwingt er sich hinein, wenn er darin Beute wittert. In allen Laub- und Nadelwäldern Europas ist er zu Hause. Im Gegensatz zu seinem Vetter, dem Steinmarder, der nur gelegentlich den Wald aufsucht, ist der Baummarder ein ausgesprochenes Waldtier. Bescheiden ist er nur in seinen Wohnansprüchen. Ein Eichhornkobel, dessen Eigentümer er vielleicht erst kurz zuvor gerissen und verzehrt hat, ein Krähennest, ein Raubvogelhorst oder ein Reisighaufen genügen ihm als Schlaf- oder Lagerstätte. Nach Katzenart rollt er sich zu einem runden Knäuel zusammen, bis ihn der Hunger zu neuen Taten treibt.
Die in einem hohlen Baumstamm blind geborenen drei bis fünf Jungen werden erst nach vierzehn Tagen sehend. Sie wachsen sehr schnell. Schon nach wenigen Wochen führt sie die Fähe aus, um sie im Klettern und Springen zu unterrichten. Bei diesen Übungen kann man an stillen Abenden das Fauchen der Tiere und das Rascheln in den Baumkronen hören. Der leiseste Warnruf der Fähe genügt, um das Spiel augenblicklich zu beenden und im nächsten Unterschlupf zu verschwinden.
Der Marder jagt zu jeder Tageszeit. Nicht selten trifft man ihn noch spät in der Dämmerung auf der Krähen- oder Taubenjagd. Da sein Fell im Sommer wertlos ist, wird er nur im Winter bejagt. Die übrige Zeit ist er, wie sein Vetter, der Steinmarder, gesetzlich geschützt.
Der Steinmarder steht dem Baummarder im räuberischen Wesen nicht nach. Nur daß er sein Jagdrevier

mit Vorliebe in der Nähe menschlicher Wohnungen hat. In Scheunen, Dachböden, altem Gemäuer lebt er und sucht dort seine Beute. Äußerlich unterscheiden sich die beiden Marder durch ihre Größe und den gelben oder weißen Kehlfleck. Der Baummarder, auch Gelbkehlchen genannt, ist höher und länger als der Steinmarder.

Im Kranichbruch kommt nur der Baummarder vor. Er hält sich hier aber nicht lange auf. Die wenigen Bäume bieten ihm nur wenig Deckung. Außerdem liebt er Sumpf und Wasser nicht. Erscheint er aber zur Brütezeit, so sucht er alle Bäume und Sträucher auf und plündert Nester und Gelege. Eier und Jungvögel sind für ihn Leckerbissen. Wehe der Amsel, die nicht rechtzeitig ihr Nest verläßt, sie wird ebenso gern verzehrt wie ihre Jungen.

Wenn der Regen kommt

Auch im Sommer gibt es im Kranichbruch eine Zeit, in der das Leben wie ausgestorben ist. Es ist der Monat Juli. Die Menschen nennen ihn den Erntemonat.

Eine lähmende Schwüle liegt über dem Bruch. Kein Windhauch dringt in den stillen, verborgenen Talkessel. Nur die warmen Sonnenstrahlen können ungehindert den Sumpf und die Weiher erreichen. Das Wasser verdunstet und gibt die Feuchtigkeit an die Luft ab. Es ist wie in einer Waschküche, warm und feucht. Die richtige Atmosphäre für Pflanzen und Tiere, die warmes Wasser und feuchte Luft lieben. Das sind in der Hauptsache viele Insekten und Tiere, die von Insekten leben.

Schwärme von Fliegen, Mücken und Bremsen schwirren und summen in der Luft und überfallen jedes

Lebewesen, dem sie das warme Blut abzapfen. So verlassen die meisten Säugetiere und auch viele Vögel das Bruch in dieser Zeit und suchen schattige Feldgehölze, Laubwälder und Getreidefelder auf. Wildenten, Bussarde, Krähen und Tauben haben ihre Brutstätten im Bruch verlassen, als ihre Jungen flügge geworden sind. Die Enten tummeln sich jetzt auf großen Gewässern. Die Krähen und Tauben streifen auf den Feldern, Wiesen und Weiden umher, und die Bussarde sitzen auf Koppelpfählen, Heureutern und Telefonmasten und lauern auf Beute. Nur die Frösche mit ihrer tausendfachen Nachkommenschaft bevölkern die Weiher.

Was der Mensch bis heute nicht erforscht hat und wohl auch niemals erfahren wird, sind ganz besondere Eigenschaften und Fähigkeiten bei Tieren und Pflanzen in der freien Natur.

Eines Tages strömte der Kalmus in allen Tümpeln und Weihern einen betäubenden Duft aus. Er kündigte damit baldigen Regen an. Das bestätigte auch der Pirol in einem Erlenbaum. Lange Zeit hatte er geschwiegen. Jetzt tat er so, als wolle er alle Melodien und Flötentöne nachholen. Auch die großen roten Waldameisen überfiel eine große Unruhe, obwohl auch sie keine Anzeichen von Regen sahen. Doch ihr kleines Radargerät im Gehirn hatte den anziehenden Regen bereits registriert. Eifrig trugen sie Eier und Puppen von der Oberfläche in die tiefen Brutkammern und verschlossen alle Löcher und Gänge vor dem Regen. Noch strahlte die Sonne vom wolkenlosen Himmel.

Käfer, Fliegen, Libellen und Schmetterlinge schwirrten über dem Bruch. Die Frösche planschten im Wasser, und der Kuckuck rief laut vom Wald her. Keine

Anzeichen für Regen, nicht einmal eine Vorahnung für uns Menschen.
Aber der Kalmus und die Tiere wußten es besser.
Am nächsten Tag gegen Abend zogen dunkle Wolken am westlichen Horizont auf. In der Nacht begann es zu regnen. Den ganzen Tag fiel ein warmer, leichter Landregen auf die ausgetrocknete Erde. Der Boden dampfte, die Gräser richteten sich auf, die Blätter streckten und strafften sich. Die Tümpel und Gräben füllten sich mit Wasser. Der große Durst war bald vergessen.
So still wie die Wolken gekommen waren, zogen sie auch wieder ab. Ohne Wind, Blitz und Donner. Die Nacht senkte sich über das stille Land.
Ein heller Streifen am östlichen Horizont zeigte den aufgehenden Mond an. Da war er, der volle, strahlende Mond. Immer höher stieg er am wolkenlosen Himmel, und immer heller wurde es auf der Erde. In seinem Licht glitzerten und flimmerten die Wassertropfen an den Gräsern und Blättern. Ein geheimnisvolles Rascheln, Wispern und Zirpen drang an das lauschende Ohr. Ein Waldkauz meldete sich aus einer Kiefer. Auch die Nachtschwalbe, der Ziegenmelker, flog laut schnurrend und mit den Flügeln klatschend auf Insektenjagd über das Bruch. Die dunklen Schatten der Bäume und Sträucher, die hell flimmernde Wasserfläche auf den Weihern und der volle Mond wirkten wohltuend und anregend auf das menschliche Gemüt. Die sekundenlang leuchtende Sternschnuppe nahmen die Augen ebenso wahr wie den vorüberfliegenden Nachtschwärmer. Alle sichtbaren und hörbaren Vorgänge in der Natur werden von unseren Sinnen aufgenommen und registriert; nur den anziehenden Regen nehmen unsere Sinne nicht wahr.

Seitdem der Mensch mit seinem großen Verstand sich ungeahnte technische Hilfswerke auf allen Gebieten geschaffen hat, verkümmerte oder erlosch sein Instinkt, verspielte er die große Gabe der übersinnlichen Kräfte, denen er vielleicht seine heutige Existenz zu verdanken hat.

Ein Kitz kommt zur Welt

Jung war die Ricke, die in den letzten Maitagen das Kranichbruch aufsuchte. Sie war hoch beschlagen, hatte einen tief herunterhängenden Bauch und ein pralles Gesäuge. Zum ersten Mal war sie trächtig. In einem Fichtenhorst am Rand des Bruches stand sie lange Zeit unschlüssig, dann tat sie sich nieder. Die Geburtswehen waren ihr fremd und ängstigten sie. Dann spürte sie, wie etwas in ihrem Leib nach außen drängte. Nach einigen Minuten lag ein kleines unbeholfenes Wesen hinter ihr. Ermattet blieb sie noch eine kurze Zeit liegen. Als sich aber auch der Mutterkuchen von ihr gelöst hatte, stand sie auf und besah sich das kleine hilflose Wesen am Boden. Dann begann sie das Kitz zu lecken. Alle Körperteile reinigte sie vom Schleim und trocknete es gleichzeitig. Das Kitz war noch sehr schwach. Alle Versuche, sich zu erheben, mißglückten. Dann aber gelang es ihm, sich auf die staksigen Läufe zu stellen. Sofort begann es, die Bauchdecke der Mutter nach dem Gesäuge abzusuchen.

Endlich hatte es die Milchquelle gefunden und begann zu trinken. Die Ricke stand ruhig und leckte die Decke des Kitzes, um sie zu reinigen und den Blutkreislauf anzuregen. Endlich war das Kitz satt. Es stolperte und fiel zu Boden. Die Ricke legte sich daneben. Schlafend verbrachte das Kitz die ersten Lebensstunden. Die

Ricke blieb wachsam und beobachtete aufmerksam ihre Umgebung.
Während die beiden im Schatten der Bäume ihre Ruhe hielten, wurde über ihnen in einer Baumkrone eifrig gebaut. Ein Wildtauber trug dünne Zweige in eine Astgabel, für eine neue Kinderstube. Die Taube ordnete das Material so kunstgerecht zu einem Nest, daß es später nicht nur jedem Wind und Wetter standhalten, sondern auch die beiden Jungen tragen sollte.
Bis zum Abend blieb die Ricke beim Kitz. In der Dämmerung verließ sie es für eine kurze Zeit, um in der Nähe etwas Nahrung aufzunehmen. Dabei lauschte und sicherte sie ständig nach dem Kitz, um bei Gefahr sofort bei ihm zu sein. So vergingen die nächsten Tage. Für das Kitz mit Saugen und Schlafen, für die Ricke mit Wachen, Ruhen und Nahrungssuche. Dann verließen beide das Bruch.
Mit vielen Pausen führte die Ricke das Kitz in eine große Kiefernschonung, die ihr schon lange gut bekannt war. In der Schonung waren viele lichte, baumlose Stellen, die durch hohe Bodenfeuchtigkeit zwar den Graswuchs förderten, den langsamen Baumwuchs aber hemmten und zum Teil unterdrückten. Eine dieser mit Riedgras bewachsenen Stellen wählte die Ricke als Einstand. Hier waren sie sicher vor bösen Überraschungen, hatten Ruhe und viel Sonne. Auch ein alter Waldhase hatte hier seine Sasse, die er nach nächtlichem Feldbummel jeden Morgen aufsuchte.
Am Rand dieser Grasfläche stand eine alte Saatkiefer, deren Samen in jedem Jahr für die Verjüngung des Kiefernbestandes in der Umgebung sorgten. Der Baum war schon sehr alt und hatte kaum noch Geldwert. So ließ man ihn stehen, damit die vielen Holz- und

Borkenkäfer sich in dem morschen Holz gut vermehren konnten. die wiederum den Meisen, Kleibern und Spechten als Nahrung dienten. In der starken Kiefernkrone befand sich ein alter Eichhörnchenkobel. In ihm hatte ein betagter Eichkater seinen Ruheplatz. Im Winter und bei schlechtem Wetter wurde der Kobel als Unterschlupf gern aufgesucht und manchmal auch als Kinderstube gewählt.

An einem Vormittag im Mai war der Kater wieder auf der Kiefer. Die Sonne schien warm auf seinen dicken roten Pelz. Über ihm war der Kobel. Darunter, auf einem dicken Ast, lag der Kater lang ausgestreckt und hielt seinen Verdauungsschlaf. So sah er nicht den großen Vogel, der tief über der Schonung angeflogen kam und auf der Kiefer aufblocken wollte. Der Eichkater bemerkte den Hühnerhabicht erst, als er schon am Baum war. Kopfüber stürzte sich der Kater in die Tiefe, um im dichten Unterholz zu verschwinden. Zu spät. Der Habicht ergriff ihn in der Luft, bohrte ihm die langen kräftigen Krallen tief in den Leib und verschwand mit seiner Beute. Irgendwo in dem großen Wald saß sein Weibchen in einem Horst und bewärmte die beiden flaumigen Jungen. Für heute waren das Weibchen und die beiden Jungen mit Atzung reichlich versorgt. Der Buschräuber hatte diesmal eine leichte Beute gehabt.

Der Ricke gefiel die ausgesuchte Grasstelle. Den ganzen Tag blieb sie bei dem Kitz. Erst in der Dämmerung verließ sie es und zog auf die Felder zur Nahrungssuche. Bei der reichen Milchnahrung wuchs das Kitz gut, war gesund und recht munter. Es unternahm schon kurze Ausflüge in die nahe Schonung. Beobachtete die huschenden Mäuse, den alten Hasen, wenn er taunaß von den Feldern kam, die

schleichende Ringelnatter und das Hämmern der Spechte.
Einmal erschien eine Bache mit ihren fünf Frischlingen. Es gab eine große Aufregung bei allen Tieren in dieser stillen Oase. Solche Unruhe mit Grunzen, Beißen und Jagen kannten die Tiere hier nicht. Die Ricke flüchtete mit dem Kitz in die Schonung. Der Hase verließ seine Sasse, und die Mäuse und die Ringelnatter verschwanden unter Graskampen und in Mäuselöchern. Wildschweine sind unbeliebte Gäste und Nachbarn. Sie sind laut, unruhig, hinter-lassen einen zerwühlten Boden und zertreten Pflanzen. Endlich verschwand die Rotte, und alle geflüchteten Tiere kehrten zurück zu ihren Liegeplätzen.
Es kam der Sommer. Auf den Feldern reifte das Korn. Für die meisten Tiere eine herrliche Zeit. Das hohe Getreide bot reichlich Nahrung und Schutz. Die Äsung bestand jetzt aus Körnern, Samen, Kartoffeln und Rüben. Hier gab es auch weniger Mücken, Bremsen und Fliegen. Wer nicht auf den Wald angewiesen war, blieb jetzt auch am Tag auf den Feldern. Nur das Rotwild zog schon früh am Morgen in die dichten, schattigen Dickungen. Dort ruhten die Tiere bis zum späten Abend. Die Hirsche hatten ihre Geweihe fertig gefegt und befanden sich in der Feiste. Das ist der beste Ernährungszustand kurz vor der Brunft. Das Mutterwild führte die Kälber, das jüngere Volk rudelte sich zu größeren Trupps und bummelte umher.
Auch die Ricke verließ mit ihrem Kind den Wald und zog auf die Felder. Das Kitz war jetzt schon recht kräftig. Die weißen Tarnflecke in der Decke waren fast verschwunden. Es brauchte die Tarnfarbe nicht mehr. Überall folgte es jetzt der Mutter und ernährte sich

von allerlei Leckerbissen. Es lernte Feinde von Freunden zu unterscheiden und kannte die Witterung von Menschen und Hunden, vor denen es flüchten mußte. Es kannte auch die Stimmen vieler Vögel und wußte, was ein Warnruf, was Unterhaltung war. So lebte es mit vielen anderen Rehen und Kitzen in diesem Revier.
Der Winter kam mit viel Schnee und Frost. Das war schlimmer als Sturm und Regen. Schon lange hatte das Wild die abgeernteten Felder verlassen und sich neue Einstände in dichten Waldbeständen gesucht. Nur in den Nächten zogen noch einige Hirsche, Rehe und Schwarzwild auf die Felder zur Futtersuche. Es wäre schlecht um die Ernährung der Tiere bestellt gewesen, hätte nicht der Jagdbesitzer so viel Verständnis und Mitgefühl mit den Tieren gehabt, durch einen gedeckten Tisch ihre Not zu lindern. So konnten alle Tiere den Winter gut überstehen und ohne Schaden den Frühling erleben. Mit einer guten Gesundheit, Vermehrungsfreudigkeit und guten Trophäen dankten sie ihrem Helfer in der Zeit der Not.

Sechs Frischlinge

Eines Tages, Ende März, suchte eine alte Bache das Bruch auf. Ihr herunterhängender Bauch und das pralle Gesäuge zeigten deutlich den Zustand, in dem sie sich befand. Sie suchte eifrig in den Sträuchern umher. Da fand sie einen großen Weißdornstrauch an einer trockenen, erhöhten Stelle. Hier schien es ihr zu gefallen. Mit ihrem starken Gebrech bahnte sie sich einen Weg bis zur Mitte des Strauches und beschäftigte sich in den nächsten Tagen mit der Herrichtung der Wochenstube. In der Mitte des Strauches warf sie eine flache Mulde aus, trug trockenes Gras und Schilf aus der Umgebung hinein, und das Wochenbett war fertig. Wenige Tage später krabbelten sechs kleine buntgestreifte Frischlinge um die Bache herum. Immer wieder bot sie den Kleinen ihr Gesäuge zum Trinken an. Die begehrte Milchquelle, die sich jeder Frischling am ersten Tag erkoren hatte, behielt er bis zum Ende der Säugezeit. Da gab es oft Streit mit Quieken und Beißen unter den Geschwistern.

Vier Tage blieben die Kleinen in der Mulde, während die Bache mehrmals am Tage für kurze Zeit auf Nahrungssuche zog. In der fünften Nacht nahm die Bache ihre Kinder mit in die nahe Umgebung. Hier sahen die sechs der Mutter zu, wie sie den Boden aufbrach und nach Nahrung suchte. Dann senkten auch sie die kleinen Rüssel in den lockeren Boden. Aber für ihre Milchzähne und den schwachen Magen war noch nichts zu finden.

Hunger hatten sie auch nicht. Die mütterliche Milchquelle lieferte noch genug Nahrung. Doch bald reichte diese nicht mehr aus für die schnellwachsenden Frischlinge. Da heißt es, tüchtig mitsuchen. Die Bache bricht mit ihrem starken Wurf den festen Boden auf und überläßt den Jungen das Suchen nach zarten Wurzeln, Würmern und was sonst noch im Boden zu finden ist. Alte Baumstubben werden auseinander gebrochen und nach Maden, Mäusen und Käfern untersucht. Auch zarte Kräuter und junges Gras kann man schon verdauen. Nun hat ja Mutter Bache noch immer etwas Milch in ihrem Gesäuge. Doch allmählich versiegt die gute Quelle.

So ein Wildschwein ist nicht sehr wählerisch und anspruchsvoll. Man nimmt alles mit, was man findet. Nicht nur Pflanzen, Früchte und Pilze. Auch kranke

und tote Tiere werden nicht verachtet. Der Tisch ist überall gedeckt, wenn auch nicht immer reichlich.
Bald wurden die sechs eine kleine Rasselbande. Der Bache machten sie viel Ärger, besonders wenn sie sich laut stritten. Wenn sie des Nachts auf den Feldern zu laut sind, können sie die ganze Sippe verraten, und das ist gefährlich.
Auf der Nahrungssuche zogen sie kreuz und quer durch den Wald und die Felder. Gern kamen sie immer wieder zum Bruch zurück, um sich zu suhlen.
Als das Getreide auf den Feldern genug Deckung bot, blieben sie oft tagelang im Roggen oder Hafer. Das gefiel den Landwirten nun gar nicht. Denn in dem weichen Mutterboden zogen die Wildschweine meterlange Furchen, und der Wildschaden ist dann beträchtlich. Da muß mancher Schwarzkittel sein Leben lassen.
Furchtlos und immer besorgt um das Wohl und die Sicherheit ihrer Kinder, sicherte die Bache oft lange, ehe sie die schützende Kiefernschonung verließ, um mit den Frischlingen auf die Felder zu ziehen. Dabei benutzten sie Grabenränder, Ackerfurchen und Feldgrenzen als Deckung. Da sie immer auf Sicherheit bedacht sind, ist es für den Jäger nicht leicht, sich an eine Rotte heranzupirschen. Hunde sind oft gefährdet, wenn sie an eine führende Bache geraten.
Da sich Schwarzwild schnell vermehrt und außerordentlich robust und widerstandsfähig ist, aber oft großen Flurschaden verursachen kann, muß es schon kurz gehalten werden. Bis auf die Schweinepest, die ansteckend ist und ganze Bestände vernichten kann, ist Schwarzwild gegen andere Krankheiten kaum anfällig. Strenge Winter können den Bestand allerdings stark dezimieren.
Feste Wechsel und Einstände hat das Schwarzwild

nicht. Es vagabundiert im weiten Umkreis. Wo es aber gute Deckung, Ruhe und Fraß findet, bleibt es auch länger an der gleichen Stelle. Drückjagden auf Schwarzwild bei gutem Spurschnee und mit guten Hunden sind für jeden Jäger ein Höhepunkt des Jagens. Ein grober Keiler, mit gutem Blattschuß gestreckt, ist die Krone der Jagd. Starke, abgewetzte Hauer und Hadderer sind prachtvolle Trophäen.

Der Forstmann liebt das Schwarzwild in seinem Wald. Es durchlüftet den Boden und verjüngt den Wald durch Aufbrechen der Grasnarbe und Einbringen von Eicheln, Bucheckern und anderen Samen.

Ein Wildschweinbraten gehört zu den besten Wildgerichten. Die langen und starken Rückenborsten, auch Federn genannt, sind als Hutschmuck, Malerpinsel und bei Sattlern sehr gefragt. Nach einem ausgiebigen Schlammbad sucht das Schwarzwild gern die dicken Malbäume auf, an denen es die dicke Schwarte schubbert. Größte Vorsicht ist geboten, wenn man älteren Tieren in eine Dickung folgen möchte. Alte, erfahrene Schwarzwildjäger können manches darüber berichten. Auch unerfahrene Jagdhunde sind gefährdet, wenn sie an eine Rotte geraten oder ein angeschossenes Tier verfolgen.

Unzählige Tierarten bevölkern das Kranichbruch. Viele sind Dauerbewohner, andere geben nur kurze Gastrollen. Die meisten leben als Insekten in den Tümpeln und Weihern oder in modernden Baumstämmen ein geheimnisvolles Leben.

Im Winter herrscht hier Totenstille. Das Wasser ist gefroren, das Bruch liegt unter einer hohen Schneedecke. Die wenigen Bäume und Sträucher bieten keinen Wetterschutz für die größeren Tiere; Nahrung ist jetzt auch nicht zu finden. Aber die Stille täuscht.

In allen den kleinen und großen Moorflächen — wie hier im Kranichbruch — herrscht schon vielfältiges Leben, wenn das Land noch in einem Panzer von Eis und Schnee gefangen liegt. Auch in Moor und Bruch bringt der Frühling neues Leben, Jahr für Jahr.

Das graue Gesicht

Wenigstens einmal im Leben hat jeder Mensch eine Sternstunde. Wenn er sie richtig erkannt und genutzt hat, kann sie das Glück seines Lebens bedeuten. Leider sind diese Sternstunden nicht in einem Kalender verzeichnet, und die vielen glückverheißenden Horoskope, die das menschliche Leben mit bestimmten Sternen in Beziehung bringen, scheitern oft an den weisen Irrtümern ihrer Deuter. Geschäft ist Geschäft, sagt auch der Wahrsager, und Glück und Liebe stehen nicht in den Sternen geschrieben.

Nun, eine wirkliche Sternstunde hatten einmal ein junger Jäger und ein alter, grauköpfiger Rehbock. Nur hatte der eine ein gutes und der andere ein böses Horoskop in seinem Kalender oder in seiner Hirnschale.

Man glaubt, der Mensch habe viel Verstand und das Tier nur einen Instinkt. Darüber mögen sich Götter und Gelehrte streiten. In diesem Fall hatte der instinktive Bock das bessere Los gezogen. Er verschwand still und leise von der Bildfläche und wurde nie mehr gesehen. Der Jäger aber stand mit seinen eineinhalb Kilo Gehirnmasse zitternd und bebend auf der Leiter und sah seinen ‚Stern' im Wald verschwinden.

Ein Sprichwort sagt: der erste Gedanke ist immer der beste. Wäre der Jäger dem ersten Gedanken gefolgt und wäre auf der Kanzel geblieben, vielleicht ... Doch nun trat das Gehirn in Funktion und — ja, später sind es entweder Sternstunden, Medaillen und Diplome, oder ausgeraufte Haare, ein dummes Gesicht und eine leere Stelle an der Wand.

Alte Jäger wissen zu sagen: jeder Bock hat mal eine

schwache Stunde in seinem Leben. Lassen wir es gelten. Der Mensch hat davon viele. Hier hatte der Bock wirklich eine schwache Stunde oder eine schwache Stelle. Aber daran war ein Schmalreh schuld.

Die warme Vormittagsluft flimmerte über den reifenden Getreidefeldern, deren grüne Farbe schon zu verblassen begann. Die schweren Roggenähren und Haferrispen neigten sich tief herab und raschelten leise, wenn der Wind über das Feld strich. Der pirschende Jäger, über dessen braungebranntes Gesicht der Schweiß in Tropfen herunterlief, blieb immer wieder stehen und beobachtete durch das starke Glas zu seiner Rechten das Haferfeld und zur Linken den lichten Wald. Dabei lauschte er wie ein lauernder Luchs nach allen Seiten auf einen Fiepton oder ein Keuchen.

Nichts war zu sehen und zu hören. Nur die Bienen und Hummeln summten um die Kleeblüten am Wegrand. Noch dreihundert Meter, und die Kanzel war erreicht, von der man eine gute und weite Übersicht über das große Haferfeld und den angrenzenden Kleeschlag hatte.

Auf dem fast einen Kilometer entfernten Gutshof läutete die Hofglocke zur Mittagspause. Die Sonne strahlte vom wolkenlosen Himmel. Zwischen zwei knorrigen Randkiefern stand die Kanzel. Auf ihr lagen die fast senkrecht fallenden Sonnenstrahlen. Was macht sich aber ein junger passionierter Jäger aus der Hitze, wenn der Bock das Schmalreh treibt. Nur waren heute weder Bock noch Schmalreh zu sehen. Ein einsamer Täuber saß auf einer Fichte und lockte mit müder Stimme seine Liebste. Doch der Jäger wußte Bescheid. Er brauchte keinen Kalender. Schon vor einigen Tagen hatte er im Klee ein Rehwildpärchen

gesehen, wie es in Schleifen und Kreisen sein Liebesspiel trieb.

Da tauchte ein rotbrauner Rücken im Hafer auf und zog in Richtung Klee. Kurz vor dem Kleefeld war auch der Kopf sichtbar. Es war eine Ricke, die mit hochgestellten Lauschern lange nach dem Klee hin sicherte. Schließlich wechselte sie in den Klee hinüber, hinter sich zwei kräftige Kitze. Noch eine Ricke trat aus dem Wald und zog bis zur Mitte des Kleefeldes. Hier ästen sie alle friedlich beisammen, bis sich ein Stück nach dem anderen zur Verdauungsruhe niedertat.

Die Hofglocke läutete zum Arbeitsbeginn. Der Jäger verließ die Kanzel. Als tüchtiger Landwirt nahm er seine beruflichen Pflichten ernst. Felder und Haustiere waren ihm ebenso wichtig wie die Betreuung des Waldes und des Wildes.

So ein heißer Sommertag hat es in sich. Nicht nur die arbeitenden Menschen begrüßen den kühlen Abend. Auch das Wild, besonders das scheue Rotwild und Schwarzwild, das den Tag in den trockenen, warmen Dickungen verbringt, verläßt schon in der Dämmerung die Einstände und zieht ins Freie.

Als der Jäger an diesem Abend die Kanzel bestieg, brauchte er nicht lange auf Wild zu warten. Ein kleines Rudel Rotwild wechselte bei noch gutem Büchsenlicht in den Hafer. Auch eine Bache mit ihrem Gefolge rumorte nicht weit vom Hochsitz. Zwei einjährige Böckchen umkreisten sich mit gesenkten Köpfen vor der Kanzel. Dann probierten sie auch mal ihre Gehörne. Ein Kitz, dem dieses Spiel wohl sehr lustig vorkam, wollte sich daran beteiligen. Aber es hatte sich getäuscht. Der eine Gabler gab ihm einen Puffer in die Keule, daß es laut fiepend zur Mutter flüchtete.

Dieser arglose Übermut der jungen Böcke dicht vor der

Kanzel und den Augen des Jägers! Aber sie hatten noch nichts zu befürchten. Für sie galt der Jagdschein nicht, eine Kugel war für sie noch nicht gegossen. Wenn man dazu noch so gut veranlagt ist, kann man die Jugend genießen und sich noch einige Jahre des Lebens freuen. Der Tag und die Erde versanken im Dunkel der Nacht. Die Millionen funkelnder Sterne konnten das Licht der Sonne nicht ersetzen. Dem menschlichen Auge verborgen, lebt und webt ein geheimnisvolles Walten in der großen weiten Natur. Es sind die Stunden, wo der anscheinend so mächtige und allgewaltige Mensch mit seinem herrlichen Verstand erkennt, daß auch er nur ein winziger Bestandteil der Schöpfung ist.

Wäre der Jäger beim Abstieg von der Kanzel auf ein Ungeheuer getreten, dann hätte er sich nicht weniger erschrocken, als vor dem lauten Schrecklaut eines Rehbocks. Ganz in der Nähe der Kanzel mußte das Tier gestanden haben. Jetzt flüchtete es laut und tief schreckend in den dunklen Wald.

Der Jäger und der Bock verließen den Ort nach verschiedenen Richtungen. Trotzdem begegneten sie sich noch einige Male an der gleichen Stelle. Der Stimme nach mußte es ein alter starker Bock gewesen sein. Es ging bei ihm um eine Ricke, deren Fährte ihm ein aufregendes Geheimnis verriet, beim Jäger um die Ehre und den Sieg. Wer würde hier Sieger sein, Verstand oder Instinkt?

Die nächsten Tage brachten für den Jäger eine Menge beruflicher Arbeit. Auch eine dringende Reise konnte nicht verschoben werden. Der Bock aber war frei von derartigen Pflichten. Bei ihm ging es jetzt um die Erhaltung seiner Art. Mit den ihm angeborenen Mitteln verlangte das Naturgesetz sein Recht, das Recht des

Stärkeren, das ihm in seiner Körperkraft zur Verfügung stand.
Von den jungen Böcken nahm der starke Bock kaum Notiz. Sie verschwanden auch eilig von der Bildfläche, wenn sie ihn mit seinem hohen Sechsergehörn sahen. Dann aber trat an einem frühen Morgen ein anderer Bock, ein Fremder, dem Herrscher dieses Reviers gegenüber. Mit funkelnden Lichtern und gesenkten Köpfen umkreisten sich beide einige Male. Dann trennten sie sich. Schon nach einer Stunde begegneten sie einander wieder, und es kam zu einer Kraftprobe. Der Kampf, den der pirschende Jäger gehört, der brütende Täuber von seiner hohen Warte gesehen hatte, dauerte lange. Dann sah der Jäger den alten bekannten Platzbock mit krummem Rücken aus dem Wald in den Hafer flüchten. Der Sieger blieb unsichtbar.

Einige Tage später saß der Jäger schon bei Sonnenaufgang auf der Kanzel und beobachtete die vor ihm liegenden Felder. Die Rehbrunft war in vollem Gange. In dem großen Haferfeld trieb ein junger Sechserbock eine Ricke. In weiten Kreisen und Schleifen flüchtete sie vor dem stürmisch folgenden Bock. Da kam aus der Mitte des Feldes ein roter Streifen auf die beiden zu. Von der Kanzel konnte der Jäger nur den Rücken sehen. Immer näher kam das Tier. Jetzt war auch das Gehörn gut zu erkennen, zwei hohe Stangen mit helleuchtenden spitzen Enden. Das Liebespaar entfernte sich von der Kanzel und verschwand in einer Bodensenke. Der alte Bock folgte den beiden.

Kurze Zeit später flüchtete die Ricke aus dem Hafer in den Wald, dicht hinter ihr der starke Bock. Der junge Sechserbock zog später, den rechten Hinterlauf stark schonend, in den Klee. Er hatte das Anrempeln noch gut überstanden.

Nun ging es bei dem Jäger um den fremden starken Bock mit dem hohen Gehörn und den langen, spitzen Enden. Eine gefährliche Waffe, die er auch rücksichtslos zu gebrauchen schien.

Schon bald fiel dem Jäger auf, daß sein geliebtes Rehwild scheu und ängstlich wurde. Böcke waren kaum noch zu sehen, und auch führende Ricken wechselten mit ihren Kitzen auf andere Felder. Das ging doch nicht mit rechten Dingen zu.

Einige Tage später berichteten Kinder von einem kranken Bock, den sie am Waldrand gefunden hatten und der sich nicht mehr erheben konnte. Der Jäger fand den inzwischen verendeten jungen Gabler geforkelt mit heraushängendem Gescheide und vielen tiefen Rissen an Hals, Blatt und Keule. Das konnte nur der fremde Bock gewesen sein, der seine Wut an diesem Opfer ausgelassen hatte.

So entschloß sich der Jäger, alles daran zu setzen, um diesen Unhold zu erlegen. Zu Fuß und zu Pferde wurden Getreidefelder, Feldgehölze, Wiesen und Wald abgesucht; ohne Erfolg. Der Bock schien das Revier verlassen zu haben.

Doch das war ein Irrtum. Immer noch hatte er seinen Einstand im Hafer und wechselte auch mal in den Wald. Die fremde Umgebung machte ihn unsicher. Die Rehbrunft steigerte seine Unruhe und Angriffslust. Seine Angriffe erfolgten durch Überrumpeln aus dem Hinterhalt. Wich das verfolgte Stück auf eine freie Stelle aus, ließ er es laufen, ohne zu folgen. Das hatte der Jäger inzwischen herausbekommen. Das laute Schrecken der noch verbliebenen Rehe in diesem Revierteil und

das panikartige Flüchten aus einer Deckung konnte nur auf das Konto des Fremdlings gehen.
Wo mag er hergekommen sein, überlegte der Jäger. So ein starker Bock verläßt doch nicht ohne Grund sein angestammtes Revier. Später erfuhr er von einem entfernt wohnenden Jagdfreund, daß der Bock dort gut bekannt war. Wahrscheinlich war er von seinen eigenen Söhnen, die seine Körperkraft und sein starkes Gehörn geerbt hatten, in die Flucht geschlagen worden. So landete er zufällig in diesem so sorgsam gehüteten und geschützten Revier.
Noch war er hier fremd und kannte weder die Einstände noch die Wechsel der Rehe. Obwohl schon alt und grauköpfig, das Gehörn sicher schon zurückgesetzt, war er immer noch der stärkste Bock in diesem Revier.
An einem Morgen erblickte der Jäger das graue Gesicht mit den starken Stangen in einem Roggenfeld. Nur der Kopf war zeitweise zu sehen. Der Bock stand auf einer Stelle und wehrte die Bremsen und Fliegen ab, die nach der schwülen Nacht besonders angriffslustig waren. Auch der Jäger wurde von diesen Plagegeistern nicht verschont. Im Westen zogen dunkle Wolken auf, und bald rollte anhaltender Donner aus der Ferne.
Es ist ratsam, sich vor einem anziehenden schweren Gewitter in Sicherheit zu bringen. Der Jäger dachte aber nicht daran, denn jetzt wurde das Wild rege und suchte die Dickungen im Wald auf. So müßte auch der Bock den Roggen verlassen und in ein nahes Feldgehölz ziehen. Dabei müßte er einen Feldweg überqueren und die Möglichkeit zu einem guten Schuß bieten. Darauf hatte sich der Jäger eingestellt.
Aber der Bock kam nicht.
Als die ersten Tropfen fielen und Blitz und Donner wie

ein Inferno über der Erde wüteten, verließ der Jäger den Stand, um eiligen Schrittes die häusliche Geborgenheit zu erreichen. Kurz vor dem Gutshof setzte der Regen mit einem wilden Orkan ein, der in wenigen Minuten den Jäger bis auf die Haut durchnäßte.
Das schwere Gewitter zog vorüber und ein leichter Landregen fiel bis in die Mittagsstunden. Als die Sonnenstrahlen wieder auf die Erde fielen, dampfte es wie in einer Waschküche.
Jetzt verließ das Wild die schützenden Dickungen und stellte sich in die Sonne. Früher konnte man nach solchen Regenfällen immer einige Rehe auf den Feldschlägen sehen, diesmal waren die Felder leer.
An einem Feldgehölz stand ein einfacher Hochsitz, von dem man ein Roggenfeld übersehen konnte. Auf ihm wollte der Jäger den Abend verbringen. Schon lange vor Sonnenuntergang bestieg er den Hochsitz, um möglichst lange beobachten zu können. Bald trat eine Ricke mit Kitz aus dem Wäldchen auf ein Luzernenfeld aus. Wenig später erhob sich auch ein Schmalreh aus der Luzerne, in der es bisher nicht zu sehen gewesen war. Vertraut und friedlich ästen alle drei Tiere auf dem kleinen Feld. Die Sonne stand kurz vor dem Untergang. Langsam äsend zog die Ricke, hinter sich das Kitz, dem Wald zu. Eine kurze Zeit hielten sie sich noch am Waldrand auf, dann verschwanden sie im dichten Gebüsch. Das Schmalreh war noch draußen.
Der Jäger überlegte, ob er den Hochsitz verlassen sollte. Ein inneres Gefühl sagte ihm: bleibe noch. Doch der Verstand riet zum Absteigen. Der fremde Bock würde nicht mehr kommen, wenn er überhaupt hier im Revier war. Also wurde die Büchse gesichert und über die Schulter gehängt. Nach alter Gewohnheit in halber

Höhe der Leiter noch ein Rundblick durch das Fernglas.
Das Schmalreh äste noch vertraut, aber am Waldrand stand ein rotbraunes Reh, Hals und Kopf durch einen Strauch verdeckt. Viel zu lange stand der Jäger auf der Leiter und beobachtete das Tier. Plötzlich raste der Bock auf das Schmalreh zu und trieb es hin und her, bis es vor Angst laut fiepend neben dem Hochsitz in den Wald flüchtete.
In dem dichten Gebüsch konnte es dem Bock entkommen. Dieser stand nun unschlüssig am Waldrand in der Nähe der Kanzel, frei wie eine Zielscheibe. Es war der fremde Bock mit dem grauen Kopf und dem starken Gehörn.
Der Jäger stand auf der Leitersprosse mit gesicherter und geschulterter Büchse. Das Glas vor den Augen, sah er den Bock auf eine kurze Entfernung vor dem Waldrand stehen. Die Füße begannen zu schmerzen, die Arme wurden lahm. Der Bock stand bewegungslos und sicherte in den Wald. Plötzlich machte er zwei weite Fluchten und verschwand im Wald. Er wurde nicht mehr gesehen.
Die Blattzeit ging zu Ende. Die Ernte begann mit Maschinenlärm und Menschenstimmen. Das Wild verlor die schützenden Einstände im Getreide. Es zog in die Wälder. Erst spät am Abend trat es auf Felder und Wiesen zur Äsung aus.
Der Fremdling war verschwunden. Wohin — das wußte niemand. Das Rehwild wurde wieder vertrauter. Kein Raufbold hatte es mehr verfolgt und geforkelt. Auch der Jäger beruhigte sich. Er freute sich über die Ruhe im Revier. Aber den fremden Bock hat er lange nicht vergessen. Vielleicht würden in den nächsten Jahren einige Böcke sein starkes Gehörn tragen.

Ein Brunft-Abend

Der Mond zeigte sein volles Gesicht, als er über den alten Parkbäumen am Gutshof emporstieg. Ein schöner Herbstabend nach langer Zeit, kühl und trocken. Es mochte der beliebte Altweibersommer kommen, der in jedem Jahr um diese Zeit begann. Nach der langen Regenperiode brauchte der Landwirt dringend schönes Wetter, um die Herbstsaat zu beenden und mit der Hackfrucht-Ernte zu beginnen.

Der Gutsherr freute sich über die guten Vorzeichen, als er über den Wirtschaftsbüchern am Schreibtisch saß. Der Abend müßte auch die Hirsche auf die Läufe bringen, dachte er. Und als ob dieser Gedanke eine Fernreaktion bei einem Hirsch ausgelöst hätte, meldete sich eine gute Stimme im nahen Wald.

Journal und Bleistift blieben auf dem Schreibtisch liegen, Büchse und Fernglas wurden über den schnell angezogenen Lodenmantel gehängt, und eilig ging's in Richtung Wald. Nach einer Viertelstunde war der Pirschweg erreicht. Auf ihm kam man zur Waldwiese. Inzwischen war es dort recht lebhaft geworden. Mehrere Hirsche meldeten im weiten Umkreise der Wiese. Es schien, als ob das Wild auf diesen Abend gewartet hätte. Der Jäger durfte keine Zeit verlieren. Die Kanzel mußte erreicht werden, bevor das Wild auf die Wiese trat.

Mit schnellen Schritten ging er auf dem sauberen Pirschweg zur Kanzel. Ein kurzer Rundblick über die Wiese. Außer zwei Rehen, die am gegenüberliegenden Waldrand ästen, war nichts zu sehen. Nur ein Hase, der vor der Kanzel saß und auf dem Pirschweg wohl zu Felde hoppeln wollte, verschwand eilig im Wald, als er

den Jäger kommen sah. In halber Höhe der Leiter wurde noch einmal die Wiese abgesucht. Die Rehe ästen vertraut, anderes Wild war nicht zu sehen.
Lange Zeit war es still. Dann gab es plötzlich im gegenüberliegenden Holz ein kurzes Gepolter. Ein frecher Beihirsch wurde wohl auf Trab gebracht. In dem stillen Wald wirkte dieser kurze Spuk wie ein Höllenlärm. Der volle Mond stand im Rücken und beleuchtete die taunasse Wiese. Auf der gut verdeckten Kanzel saß nun der Jäger und lauschte den Stimmen der Hirsche.
Während rundherum das Hirschkonzert des Jägers Ohr fesselt, möchte ich den Leser auf die vor uns liegende Wiese führen.
Vor etwa zwanzig Jahren wurde von dem alten Gutsherrn, den schon seit einigen Jahren der grüne Rasen deckt, diese etwa fünf Hektar große Waldwiese angelegt. Aus einem sumpfigen Bruchwald wurde durch Entwässerung und Kultivierung die ertragreiche und mit besten Gräsern angesäte Waldwiese geschaffen. Es hat mehrere Jahre gedauert, bis aus der versumpften Fläche das Wasser abgeleitet und alle Sträucher entfernt waren. Das nahm viel Zeit und erhebliche finanzielle Mittel in Anspruch. Die fachmännisch zusammengestellte Ansaat und eine entsprechende Düngung brachten den erwarteten Erfolg.

In der Nähe der Kanzel wurde eine Suhle angelegt, um die Wiese herum Salzlecken angebracht. Einmal im Jahr wurde die Wiese gemäht. Das Heu fand Verwendung im Kuhstall und als Wildheu. Vor Weihnachten wurden mehrere Reuter auf der Wiese aufgestellt und mit gutem, trockenem Heu beladen. Darunter wurden Kastanien, Rüben und Wintergetreide geschüttet. Das Wild kannte diese Fütterungsstellen und suchte sie gern auf.

In den Reutern siedelten sich Mäuse an, die von Fuchs und Bussard belauert wurden. Rehe schoben sich gern bei Schneegestöber auch am Tag unter die bereitstehenden Reuter ein. Nur das Rotwild verließ am frühen Morgen die freie Fläche und zog in die nahegelegenen Dickungen.
Geschossen wurde nur ausnahmsweise mal auf der Wiese. Das Wild sollte hier nicht gestört werden. Es zeigte auch Ruhe und Sicherheit zu jeder Tageszeit.

Die Bezeichnung Paradieswiese, die ein begeisterter Jagdgast beim Anblick des vielen Wildes einmal geprägt hat, war nicht nur ein Lob für den Jagdherrn, sondern auch zutreffend für diesen kleinen Garten Eden. Das Rotwild war das ganze Jahr über Standwild in diesem Revier. Einige starke Hirsche wechselten zwar nach der Brunft in andere Reviere. Aber zur nächsten Brunft waren sie wieder da und gaben die schönsten Hirschkonzerte, wie auch an diesem Abend.

Der Mond war inzwischen ein ganzes Stück höher gestiegen. An den Gräsern glitzerte der Tau wie Millionen Diamanten. Kein Blatt bewegte sich an den Bäumen. Das bunte Herbstlaub leuchtete in allen Farben. Am Rande der Wiese standen Kastanien, Eichen, Ebereschen und Vogelkirschen. Dazwischen einige dunkle Fichten. Über dem Wald der helle Vollmond. Kein Maler wäre in der Lage, diese ganze Schönheit wiederzugeben. Es wäre doch nur Stückwerk. Ein paar Steinchen in einem Mosaik.
Des Jägers Auge fiel auf einen Strauch, der sich leicht bewegte. Im selben Augenblick waren die Gedanken von dem schönen Panorama auf den braunen Gegen-

stand am Strauch übergesprungen. Ein Alttier trat vorsichtig auf die Wiese und sicherte nach allen Seiten. Andere Tiere folgten. Bald stand fünf Tiere und zwei Kälber auf der Wiese im vollen Mondschein. Als trauten sie dem Frieden nicht, drehten sie die Köpfe nach allen Richtungen, bis ein Tier den Kopf senkte und zu äsen begann. Die anderen folgten dem Beispiel. Dann zog das Leittier weiter, bis auf die Mitte der Wiese, und das Rudel verteilte sich.

Plötzlich hoben alle Tiere die Köpfe und sicherten nach dem eben verlassenen Wald. Der Platzhirsch trat auf die Wiese. Noch halb im Schatten des Waldes, sicherte er lange nach dem Rudel. Das starke Geweih prahlte im hellen Mondschein. So stand er wie ein Bronzedenkmal. Eine Gestalt voller Kraft und Würde. Langsam neigte er das Geweih auf den Rücken. Ein tiefer Schrei drang aus dem weit geöffneten Äser. Noch einmal dröhnte sein Ruf über die Wiese. Dann ein kurzer Sprengruf — und wie ein Pfeil schoß er auf ein Tier los. Trieb es kreuz und quer über die Wiese und verschwand mit dem Schmaltier im Wald. Das Brechen von Ästen verriet den Weg der beiden.

Lange Zeit war es still. Das Rudel beruhigte sich und äste weiter. Nach längerer Zeit trat das Schmaltier wieder zum Rudel. Der Hirsch folgte in kurzem Abstand.

Kaum war er beim Rudel angelangt, als die tiefe Stimme eines Hirsches nicht weit ab ihn zu einer Bildsäule erstarren ließ. Wie von einer starken Feder geschleudert wendete er auf der Stelle und schleuderte dem vermeintlichen Gegner eine wütenden Kampfruf entgegen. Dieser antwortete ebenso laut und drohend. Nun entwickelte sich ein gewaltiges Duell der Stimmen. Beide Gegner mochten gleich stark sein. Daß einer der beiden ausweichen würde, war nicht anzunehmen. Bis zum Waldrand zog der Platzhirsch in kurzem Stechschritt. Der Strauch, der in der Nähe stand, wurde mit dem Geweih zerfetzt.

Bedrohlich nahe kam der andere Hirsch heran. Auch von dort hörte man Äste krachen. Der Platzhirsch machte einen kleinen Bogen, als ob er ausweichen wolle. Dann raste er durch das Holz dem Gegner entgegen. Wenige Augenblicke später schlugen die Geweihe zusammen.

Der Kampf muß hart gewesen sein. Das tiefe Keuchen und das heftige Aufeinanderprallen der Geweihe konnte nur von zwei gleich starken und zum Äußersten entschlossenen Gegnern kommen.

Wie lange der Kampf gedauert hat, konnte der Jäger nicht sagen. Die Spannung verwischte die Zeitbegriffe. Während die beiden Kapitalen um den Sieg kämpften, stand das Kahlwild auf der Wiese, unbeweglich, mit erhobenen Häuptern.

Einmal hat aber auch der erbittertste Kampf ein Ende. Der Sieger triumphiert und gibt dem Gegner keine Gnade. Tod oder Leben heißt das harte Naturgesetz im Kampf ums Dasein.

Der besiegte Hirsch flüchtete mit rasenden Fluchten in die Tiefe des Waldes. Der Sieger verfolgte ihn noch eine kurze Strecke. Dann dröhnte sein heiserer Schrei dem Flüchtenden nach.

Ganz langsam, mit hoch erhobenem Haupt, wie es einem Sieger ziemt, kehrte der Vierzehnender zu seinem Rudel zurück. Den linken Vorderlauf leicht schonend, an dessen Blatt ein langer, tiefer Riß zu sehen war. Wehe ihm, wenn die spitzen Geweihenden des Gegners nur ein kleines Stück weiter zurück in

seine Brust eingedrungen wären — er wäre nicht so stolz zu seinem Rudel zurückgekehrt.
Jetzt aber steht er wie ein König. Die Geweihspitzen leuchten wie Elfenbein. Um ihn herum Millionen Tautropfen wie Diamanten und Smaragde. Über ihm der schönste bestirnte Baldachin. Ein Thron, wie ihn kein Mensch jemals einem König errichtet hat.
Das Leittier löste sich vom Rudel und zog auf dem Wechsel in Richtung Feld. Die übrigen Tiere folgten. Als letzter der Hirsch. Den Kopf trug er etwas geneigt, den kranken Lauf schonte er. Die Folgen dieses Kampfes wird er wohl noch einige Zeit gespürt haben. Lange blieb der Jäger auf der Kanzel. Die Hirsche schrien nur noch selten. Das Wild zog zur Äsung. Der Mond erreichte den Gipfel seiner Bahn und neigte sich wieder dem Horizont zu. Da verließ auch der Jäger die Kanzel.
Als er auf dem Pirschweg den Feldrand erreicht hatte, sah er durch das Glas das Rudel weitab in einem Rübenfeld äsen. Der Hirsch stand hoch aufgerichtet und bewachte das Rudel. Ab und zu neigte aber auch er sein schweres Haupt, um ein Rübenblatt aufzunehmen. Ohne Nahrung kann auch ein Hirsch nicht leben, nicht lieben und nicht kämpfen.

Am großen See

Ostpreußen wurde das Land der tausend Seen genannt. Wie viele es insgesamt waren, und wie groß die einzelnen Seen waren, war für uns unwichtig zu wissen. Seen gab es überall, große und kleine, langgestreckte und runde, flache und tiefe. Viele waren durch Kanäle und Bäche miteinander verbunden, man konnte mit Booten von einem See zum anderen fahren; oft wie unter einem Baldachin von grünen Baumkronen.

Natürlich spielte der Wassersport bei uns eine große Rolle. Vom Schwimmen bis zum Eissegeln, vom Kanu bis zum Segelboot — man konnte jeden Wassersport betreiben. Die Seen gehörten zum Teil privaten Besitzern, den Städten und Gemeinden, deren Ortsnamen sie oft führten, und dem Fiskus. Sie waren alle sehr fischreich, hatten aber auch, begünstigt durch Eigenschaften des Wassers und des Untergrundes, besondere Fischarten, die dort lebten und sich stark vermehrten. Der Fischfang hatte daher große Bedeutung für die Bewohner dieser Gebiete. Er war ein wichtiger Erwerbszweig neben der Rohrnutzung. Daneben war der nach und nach zunehmende Fremdenverkehr eine gute Einnahmequelle für andere Gewerbearten.

Auf einer Holzbank sitzt der alte Fischer. Er schmaucht behaglich an seiner kurzen Stummelpfeife und schaut interessiert auf die vor ihm liegende ruhige Wasserfläche.

Der warme Frühlingsabend will die vielen Sänger in den Bäumen und Sträuchern des kleinen Fischergartens nicht verstummen lassen. Buchfinken, Laubsänger, Grasmücken und Stare jubilieren in den Bäumen und

Sträuchern. Aus dem nahen Walde hört man den Pirol flöten und den Kuckuck rufen.
Auch am Seeufer, im Rohr und Schilf, will das Schnarren, Rufen und Quaken der vielen Sumpfbewoher nicht aufhören. Wie immer ist der Rohrsänger der lauteste unter den Vögeln.
Seitdem der alte Fischer nicht mehr ausfährt, verbringt er die Tage auf dieser Bank, von der aus er den großen See gut übersehen kann, und zur rechten Seite den Rand eines Waldes. Beide kennt er von Kindheit an. Als kleiner Junge ist er mit seinem Vater zum Fischfang auf den See gefahren, und den Wald hat er mit den Jungen aus dem nahen Dorf oft genug durchstöbert. Später, als er das kleine Anwesen und die Fischerei von seinem Vater übernahm, hatte er keine Zeit mehr für den Wald. Der Fischfang nahm ihn voll in Anspruch. Die Arbeit war nicht leicht und mit Gefahren verbunden. Die tiefen Furchen in seinem Gesicht, die Gicht in den Gelenken und das Rheuma im Rücken waren Folgen schwerer Arbeit in glühender Hitze, bei Schneestürmen und eisiger Kälte.
Der alte Fischer war einst ein großer starker Mann gewesen. Jetzt war sein Rücken gebeugt, die Hände waren schmal, die Haut durchsichtig. Vor einigen Jahren war seine Frau gestorben, seitdem wurde er von seinen Kindern versorgt.
Ein einzelnes Fischerboot tuckert mitten auf dem See. Jetzt ist der Motor still. Im Boot arbeitet ein Mann. Er holt die Netze ein. Der alte Fischer sieht seinem Sohn interessiert zu. Er kennt die Arbeit und weiß, wie man es machen soll. Der Sohn hat es vom Vater gelernt, und der Alte scheint zufrieden zu sein, denn er nickt wortlos vor sich hin. Jetzt setzt sich das Boot wieder in Bewegung. Der Alte denkt zurück an die vielen Jahre,

die er ohne Motor, mit den schweren Rudern, über den See gefahren ist. So hat es sein Sohn schon leichter und besser.
Der Alte denkt viel über die früheren Zeiten nach.
Der rote Sonnenball versinkt im Westen hinter dem Wald. Der alte Fischer geht seinem heimkehrenden Sohn an den Anlegesteg entgegen. Er geht nicht früher ins Haus, bis Fische und Netze versorgt und geborgen sind. So geht es den ganzen Sommer, wenn das Wetter es zuläßt.
Am nächsten Vormittag sitzt der alte Fischer wieder auf der Bank. Der Sohn ist auf dem See. Wieder scheint die Sonne vom wolkenlosen Himmel, singen und zwitschern die Vögel. Es sind in jedem Frühjahr die gleichen Stimmen, die gleiche Tätigkeit um das kleine Fischergehöft.
Über dem See kreist ein großer Vogel. Der weiße abgerundete Stoß und der fast schwerfällige Flügelschlag verraten den Seeadler. Man sieht deutlich den nach unten gestreckten Kopf, wie er nach Beute Ausschau hält. Taucher, Bläßhühner und Wildenten verschwinden plötzlich von der Seefläche. Alle flüchten in das Rohr oder tauchen im Wasser unter. Der Seeadler gibt hier nur selten kurze Gastrollen. Seine eigentlichen Jagdgebiete sind die anderen großen Seen in diesem Land. Dort ist auch sein Horst, in der mächtigen Krone einer Kiefer. Zwei weiße Eier liegen darin, die von dem Adlerweibchen bebrütet werden, während das kleinere Männchen Nahrung herbeischafft.
Während der Seeadler in majestätischer Würde seine Kreise über dem See zog, kam vom Wald her ein anderer Vogel mit lebhaftem Flügelschlagen angestrichen. Als der erste den schnell anstreichenden

Fischadler erspähte, stieg er mit kräftigen Flügelschlägen in die Höhe und verließ den See.
Der Fischadler, um vieles kleiner als der Seeadler, war der alleinige Herrscher über den See. Im Schrägflug senkte er sich bis auf wenige Meter über die Wasseroberfläche, blieb dann plötzlich mit schlagenden Flügeln über dem Wasser stehen und beobachtete einen Fisch. Wahrscheinlich war der in die Tiefe getaucht, denn der Adler stieg wieder höher und begann im Kreisen die Wasserfläche nach anderen Fischen abzusuchen. Plötzlich legte er die Flügel an, streckte die gespreizten Fänge weit vor und sauste im Sturzflug in die Tiefe. Eine aufspritzende Wasserfontäne verriet die Tauchstelle. Nach einigen Augenblikken kam er zum Vorschein, mit einem zappelnden Fisch in den Fängen. Der Fisch war wohl reichlich groß, denn der Adler schlug heftig mit den Flügeln, um sich in der Luft zu halten. Mit dem Fisch strich er zum nahen Wald. Zwischen den Bäumen verschwand er dem Beobachter.
Auch dieser Adler hatte in einer großen und starken Kiefer seinen Horst. Nicht weit vom See entfernt, brütete das Weibchen auf den drei weißen, grün punktierten Eiern. Das kleinere Männchen sorgte für Atzung, die fast nur aus Fischen bestand. Während der Fischadler über dem See kreiste, kamen die geflüchteten Wildenten, Taucher und Bläßhühner wieder zum Vorschein. Vor ihm hatten sie keine Angst, sie beachteten ihn kaum, denn er greift sie nicht an.

Der See als Lebensraum

In dem breiten Rohr- und Schilfgürtel, der an flachen Stellen weit in den See hineinragt, sind viele kleine und große Nester von verschiedenen Vögeln, die auf dem Wasser und im Sumpf leben. In einer flachen versumpften Seebucht mit dichtem Rohrbestand ist das Nest der Rohrweihe: ein aufgetürmter Haufen toter Schilfblätter und Rohrstengel. In dem Horst liegen vier grünlich-weiße Eier. Die brütende Rohrweihe hat den Horst verlassen, als sie das Nahen des Menschen in dem schmalen Kahn vernommen hat. Dicht über dem Rohr fliegt sie zum Ufer, um dort in die Höhe zu steigen und den Störenfried von oben zu beobachten. Doch die Störung dauert nicht lange. Die Weihe kehrt, unter geschickter Ausnutzung aller Verstecke um Bäume und Sträucher, zum Horst zurück.

Als die Rohrweihe den Horst verlassen hatte, brach unter den Wasservögeln eine Panik aus.

Mit lauten Warnrufen verschwanden alle Tiere von der Wasseroberfläche. Das Schnarren und Zwitschern im Rohr hörte auf. Die Rohrdommel nahm hochaufgerichtet ihre unbewegliche Tarnhaltung ein. Haubentaucher verschwanden im Wasser, Wildenten und Bläßhühner flüchteten in die nächste Deckung. Selbst die Wildkaninchen, die am sandigen Ufer unter einem Holunderstrauch mümmelten, verschwanden im Bau, als der alte Rammler durch kräftiges Klopfen mit den Hinterläufen das Alarmzeichen gab. Der Tod war über ihnen, bewehrt mit furchtbaren Dolchen und einem starken Raubvogelschnabel.

Wo die Weihe auftaucht, verstummt jede Stimme. Jedes Tier flüchtet in Angst und Furcht vor dem sicheren Tod. Nur selten gibt eine Weihe eine erspähte

Beute auf. Sie verfolgt das untergetauchte Bläßhuhn so lange, bis es ermattet auftaucht. Die Ente schlägt sie auf dem Gelege, den laichenden Barsch holt sie aus dem Wasser. Kein Tier, das sie überwältigen kann, ist vor den starken Fängen sicher.
Nicht anders sind ihre beiden Vettern, die Kornweihe und die Wiesenweihe. Auch sie sind gefährliche Feinde der Kleintierwelt. Nur in der Farbe und in ihren Lebensräumen unterscheiden sie sich voneinander.
Wenn an einem See genug Rohr und Schilf vorhanden ist, wird das Bläßhuhn (Belchen) selten fehlen. Dieser schieferschwarze Rallenvogel mit der weißen Stirnplatte ist von allen übrigen Wasserbewohnern leicht zu unterscheiden. Immer taucht das Bläßhuhn fast an derselben Stelle aus dem Wasser, an der es untergetaucht ist. Vor dem Auffliegen rennt es erst eine lange Strecke über die Wasserfläche. Dieser ruhelose und zänkische Gesell duldet keine Artgenossen in seinem Brutrevier. Auf einem schwimmenden Pflanzenhaufen baut sich das Paar ein einfaches Nest, in dem es von Mitte Mai bis Anfang Juni sechs bis zehn junge Bläßhühner ausbrütet. Mit der Ernährung ist es nicht wählerisch. Hauptsächlich Pflanzenfresser, verschmäht es aber auch kleine Fische, Schnecken und Insekten nicht. Sein lauter Ruf, ein „Kür- pitz", ist weit zu hören. Im Herbst schließen sich die Bläßhühner zu größeren Gesellschaften zusammen und wandern erst spät in südliche Gegenden, wo sie offenes Wasser finden.
Etwa Mitte April erscheint auf dem See ein Schwimmvogel, der ein eigenartiges Aussehen hat. Das seidenweiche dichte Gefieder ist auf der unteren Körperhälfte weiß, während der Rücken dunkelbraun ist. Den Kopf auf einem langen Hals kann er nach allen

Seiten drehen. In der Erregung stellt der Vogel zwei Federhörner auf seinem Kopf und die langen Backenfedern wie eine Bürste auf — eine typische Kopfhaube. Nach dieser Erscheinung hat der Vogel den Namen Haubentaucher erhalten. Er ist ein sehr guter Schwimmer und Taucher.

Ende Mai werden in das kunstlose, aus Schilf und Rohr gebaute Nest drei bis fünf Eier gelegt und von beiden Eltern bebrütet. Mit einem tiefen „Knorr" oder „Gawurr" locken und warnen sie sich gegenseitig. Sind die Jungen geschlüpft, verlassen sie das Nest und rudern mit den Eltern auf Nahrungssuche. Sind sie müde oder in Gefahr, verstecken sie sich in den Federtaschen der Eltern, die sich unter den Flügeln befinden. In diesen Taschen bleiben sie sogar während des Tauchens.

Der große Staatswald beherbergt auch Tiere, für die der See die Nahrungsquelle ist. In seinen Bäumen und Sträuchern, in unterirdischem Bau und am Seeufer leben Tiere, die sich auf die Wasserbewohner spezialisiert haben.

Aus dem leise säuselnden Rohr einer versumpften Seebucht hört man morgens und abends einen Laut, der sich wie ein Unkenruf anhört. Doch das „Ruurruur" kommt von der Zwergrohrdommel. Dieser taubengroße Reihervogel ist heute nur noch selten an unseren Gewässern anzutreffen. Wegen seiner heimlichen Lebensweise im dichten Schilfwald und einer ausgezeichneten Tarnfarbe ist er auch nur selten zu sehen. Rohrdommeln sind schlechte Flieger und tarnen sich bei Gefahr durch eine Pfahlstellung.

An dem großen See lebten früher noch viele Paare. Während der Brutzeit konnte man die Männchen laut und ausdauernd rufen hören. Da sie untereinander sehr verträglich sind, lebten die Paare oft dicht zusammen.

Die Rohrdommel kommt erst spät im Frühjahr aus ihrem Winterquartier, wenn das Rohr schon eine gute Deckung bietet. In dem großen Rohrwald bleibt sie bis Ende September. Erst wenn die Jungen schon gut fliegen können, verläßt die ganze Familie den See. Ihren Vetter, die große Rohrdommel, hat der alte Fischer als Junge noch gehört und manchmal auch gesehen. An warmen Sommerabenden hörten die Bewohner am See den lauten Balzruf. Wie das ferne Brüllen eines Ochsen scholl das laute „Üüprump — umb" über den See. Die Dorfbewohner haben die große Rohrdommel auch Moorochse genannt. Ihren Ruf hat man schon lange nicht mehr gehört.

Die letzten Schwäne

Gegenüber dem großen Wald ist eine verschilfte Bucht, die sich zungenförmig in das hügelige Land hinein erstreckt. Noch vor wenigen Jahrzehnten soll diese Bucht eine offene Wasserstelle gewesen sein, erzählte der alte Fischer, in der es besonders viele Aale und Schleie gegeben habe. Jetzt ist sie nur noch ein grüner Rohr-, Schilf- und Binsenwald. Nur an tieferen Stellen sind noch offene Wasserstellen vorhanden, die aber immer kleiner werden und wohl bald verschwunden sein werden. Regen und Schneewasser schwemmen in jedem Jahr Erde von den umliegenden Feldhügeln in den See. Die abgestorbenen Wasserpflanzen beschleunigen die Verlandung. Im Sommer kann man diese Wildnis weder zu Fuß noch mit dem Boot durchqueren. Nur im Winter, wenn das Wasser bis auf den Grund gefroren ist, kann man das hohe, wertvolle Rohr ernten.
In dieser Bucht lebt seit einigen Jahren noch das letzte und einzige Schwanenpaar. Warum die früher hier

lebenden vielen Höckerschwäne fortgezogen sind, wissen wir nicht. Aber der alte Fischer erzählte von Dutzenden von wilden Schwänen, die in jedem Sommer ihre Jungen hier aufgezogen haben. Nun kommt in jedem Frühjahr nur das eine Paar, zieht seine drei bis fünf Jungen auf. Alle verlassen im Herbst den See. Die Jungen kommen niemals wieder. Sie verbringen die Junggesellenzeit mit anderen Artgenossen an anderen Seen, bis sie, mit vier Jahren fortpflanzungsfähig, an anderen Gewässern für Nachwuchs sorgen.

Schwäne sind Vegetarier. Sie leben von den Pflanzen des Wassers und von Gras. Tauchen können sie nicht, sie gründeln nur. Fliegen und Laufen ist sehr beschwerlich für die großen Vögel, um so besser können sie schwimmen. Selbst bei hohem Wellengang verlassen sie die Wasserfläche nicht. Mit ihrem schneeweißen Federkleid machen sie beim Fliegen und auf dem Wasser Eindruck auf jeden Naturfreund.

Nicht zu zählen sind die vielen Wildenten, die an dem See brüten oder während der Zugzeit hier Rast machen. An windgeschützten, flachen Wasserstellen versammeln sich die einheimischen Stockenten, die kleinen Krickenten und die weiter im Norden brütenden Durchzügler. Enten leben gesellig. Die Stockente, die eigentliche Stammutter unserer Hausenten, ist die bekannteste und am weitesten verbreitet. Europa, Nordafrika, Nordamerika und Mittelasien sind ihre Heimat. Auf allen Gewässern ist sie zu Hause. Auf Parkteichen, Seen, Flüssen, Weihern und Gräben gründeln die Stockenten nach Wasserpflanzen, Würmern und Wasserinsekten. Tagsüber liegen sie im schützenden Rohr, erst am Abend werden sie rege. Dann fliegen sie kreuz und quer über das Wasser, über-

fliegen den Wald und die Felder und landen irgendwo auf einem Tümpel, Bach oder Teich.
Die Krickente ist unsere kleinste Schwimmente. Sie schwimmt, läuft und taucht sehr gut. Sie ist auch ein schneller Flieger. Das wissen die Entenjäger und halten ein gutes Stück vor. Ihr Nest bauen diese Vögel weitab vom Wasser, im Sumpf, im Moor oder in einem Farnhorst im Wald.
Wenn die Gäste fort sind, beginnt für die einheimischen Enten die Reihzeit. Stürmisch bedrängen die buntschillernden Erpel die Weibchen. Ende April tritt dann plötzlich Ruhe ein. Die Enten suchen sich einen Brutplatz in einem Binsenhorst, auf Schilfhaufen oder in einem Busch. Die meisten Erpel verlassen die Ente, sobald sie zu brüten beginnt, und führen ein geselliges und sorgloses Leben. Bald beginnen sie sich zu mausern. Ihr schmuckes Hochzeitskleid wird mit einem schlichten braunen Federkleid vertauscht. Die jungen Entenküken schlüpfen nach knapp vier Wochen Brutzeit, können gleich schwimmen und tauchen und müssen sich ihr Futter unter dem Schutz und der Führung der Mutter selber suchen. Im August sind die Jungen flügge. Auf den Stoppelfeldern von Gerste, Hafer und Erbsen fallen sie am Abend ein und kehren am frühen Morgen zum Wasser zurück.

Der Winter kommt

Wenn im Winter Eis und Schnee den See bedecken, sind alle Vögel, die im Rohr und Sumpf gelebt haben, in ihre Winterquartiere gezogen, einige von ihnen an die Küsten des Mittelmeers, andere bis nach Südafrika. Die weite Reise ist für viele Schwimmvögel sehr beschwerlich. Sie machen daher auch öfter längere Pausen an Flüssen, Seen und Bächen.

Die übrigen Wasserbewohner, die den See nicht verlassen können, schlafen oder ruhen jetzt im Schlamm, an Wasserpflanzen oder im tiefen Wasser. Viele Fische, Frösche und Wasserinsekten verfallen in eine Lethargie oder in den Winterschlaf, sobald sich das Wasser abzukühlen beginnt. Wieder andere Tiere sterben, nur die befruchteten Weibchen überleben den Winter. Die bekanntesten Kleinlebewesen unserer Gewässer und die Hauptnahrung unserer Fische sind die Wasserflöhe. Diese kleinen, kaum einen Millimeter großen durchsichtigen Flohkrebse, haben ein seltsames Vermehrungssystem entwickelt. Sie können sich sowohl auf geschlechtliche als auch auf ungeschlechtliche Art vermehren. Im Frühjahr und Sommer werden nur Weibchen geboren, die sich durch Jungfernzeugung weiter fortpflanzen. Erst im Herbst schlüpfen auch Männchen aus den Eiern. Sie befruchten die überwinternden Weibchen, aus deren Eiern im Frühjahr aber nur Weibchen schlüpfen. Nur wenige Tage nach dem Schlüpfen legen die Weibchen wieder Eier, und durch diese starke Vermehrung bleibt die Art erhalten. In allen unseren Gewässern leben diese Tiere, oft in unvorstellbaren Mengen.

Mag der Winter noch so kalt und lang sein, so bleibt das Wasser doch an einigen Stellen im See offen, es friert nicht zu. Dafür sorgen die Unterwasserquellen unter dem Seegrund. Das emporsteigende Quellwasser hat eine höhere Temperatur als das umgebende Seewasser.

An diesen Stellen versammeln sich im Winter viele Tiere, die niedrigere Temperaturen vertragen. Es sind bestimmte Fischarten, Muscheln, Schnecken und einige Wasserinsekten. Mit einem feinmaschigen Fangnetz kann man diese Tiere herausholen. Sonst ist es unter dem dicken Eis still und ruhig. Das Eis ist bei langanhaltenden strengen Frösten so dick, daß es Menschen, Pferde und Schlitten tragen kann. Diese Gelegenheit nehmen die Eisfischer und Rohrschneider wahr, und die Eissegler lassen sich diese Sportmöglichkeit nicht entgehen.

Im April hält der Frühling seinen Einzug. Die geschlossene Eisdecke beginnt zu schmelzen und zu reißen. Mit donnerartigem Getöse, das kilometerweit zu hören ist, reißt das dicke Eis. Die Spalten werden immer breiter. Bald schwimmen einzelne Eisschollen frei im Wasser. Der Wind treibt sie gegen das Ufer, und hier türmen sie sich meterhoch übereinander.

Bald kommen die ersten Frühlingsboten angeflogen. Wildenten, Bläßhühner, Taucher und Schwäne finden sich ein. Rohr, Schilf und Binsen treiben die ersten zarten Blätter und Stengel. Im Fischergarten, im Wald und am Seeufer sprießen die ersten Frühlingsblumen. Auch die ersten Singvögel lassen nicht mehr lange auf sich warten.

Nur der alte Fischer erlebte diesen Frühling nicht mehr. In einer stürmischen Winternacht schloß er die Augen für immer. Er nahm Abschied von dieser Welt, von einem langen und arbeitsreichen Leben in jenem einsamen Landstrich am großen See.

Der alte Keiler

Ein in seiner Körperform und Lebensweise interessantes und in fast allen Erdteilen bekanntes Tier ist das Wildschwein. Seit Jahrtausenden bewohnt unser Wildschwein das europäische Festland und gedeiht in der Natur und in Freigehegen gleich gut. Robust, anspruchslos, anpassungsfähig und fruchtbar, lebt es zur Freude des Jägers und Naturfreundes im Urwald, in der Steppe wie im Kulturland. Das europäische Wildschwein ist ein direkter Vorfahr unserer Hausschwein-Rassen. Beide lassen sich miteinander kreuzen. In der Gemeinschaft mit Auerochs, Wisent, Elch und Ren lebte es vor Jahrtausenden, wie es heute mit Rotwild, Reh- und Damwild gut auskommt.

In der Hauptsache ist es ein Vegetarier. Aber es verschmäht auch animalischen Fraß nicht, selbst wenn es Aas ist. Mit dem langen und starken Gebrech kann es wie kein anderes Tier den Boden aufbrechen, Wurzeln herausreißen und auch harte Nahrung zerkleinern. Mäuse, Insekten und andere Erdbewohner holt es sich aus dem Boden. Und wo es Eicheln, Kastanien und Bucheckern findet, wird es die Gegend nicht verlassen.
Ein unruhiger Wandergesell, streift es durch Wälder und Felder. Nichts behindert seinen Weg, weder Wasser, Sümpfe noch Dickungen. Die Sinne sind immer hellwach. Und was die schwachen Lichter nicht erblicken, wird durch das scharfe Gehör oder das feine Geruchsempfinden wahrgenommen. Den kurzen Läufen traut man die Geschwindigkeit nicht zu, mit der es flieht, wenn es verfolgt wird, oder bei Drückjagden durch die Schützenreihe bricht.

Gefährlich für Menschen und Hunde kann ein angeschweißter Keiler oder eine führende Bache werden. Im schützenden Gestrüpp, im Schilf und im hohen Getreide liegt die Rotte — oder der Einzelgänger — grunzend und schnarchend, bis das Tageslicht verschwunden ist und die Dunkelheit es vor den Augen des Jägers verbirgt.

Ein trüber, naßkalter Novemberabend lag über dem Wald. Der Nordwestwind, der am Tag Graupeln und Schneeschauer brachte, hatte sich beruhigt. Die Wolken waren aufgelockert, einzelne Sterne funkelten zeitweise aus unermeßlichen Fernen. Im Osten zeigte ein heller Streifen am Horizont den baldigen Aufgang des Mondes an.

Auf einer Kanzel mitten in einer dichten Kiefernschonung saß der Jäger und lauschte in den Wald hinein. Die Kälte drang durch den dicken Lodenmantel. Auch die ständig brennende Pfeife konnte dagegen nichts ausrichten. Der Jäger wartete auf den Aufgang des Mondes, um den Hochsitz zu verlassen und auf dem Pirschpfad, der im Dunkeln schlecht zu sehen war, heimwärts zu gehen.

Zur Zeit der Anpflanzung war der Pirschweg angelegt worden, der zu dem Hochsitz führte. Der stand am Rande einer sumpfigen, vergrasten Bodensenke, auf der nur einige Fichten wuchsen. Jetzt wurde der Sitz nur noch selten bestiegen. Die Schonung war zu einer Bürstendickung herangewachsen. Rotwild und Rehe kamen kaum noch durch. Nur Sauen und Füchse fühlten sich wohl darin.

Noch vor wenigen Jahren hatte hier zur Zeit der Hirschbrunft lebhafter Betrieb geherrscht. Bald mußte der beliebte Brunftplatz aber aufgegeben werden, weil die starken Hirsche dem Kahlwild nicht mehr in die

Dickung folgen konnten. Die feuchte Bodensenke, in der auch eine Suhle angelegt worden war, vergraste bald. Auch die Gräben, die das überschüssige Regenwasser aufnahmen, waren zugewachsen.
Von der Kanzel aus konnte man die Grasfläche gut übersehen. Die Sauen befanden sich jetzt in der Rausche. Mit Geduld und etwas Glück konnte man bei dem Ansitz mit Erfolg rechnen. Nun stand der Mond schon über den Bäumen. Kein Stück Wild war zu sehen.
Der Jäger beschloß, die Kanzel zu verlassen. Unten angelangt, blieb er noch eine Weile stehen. Da brach ein lautes Gepolter in der Schonung los. Dem Jäger wurde plötzlich warm unter dem Mantel, und er bestieg eilig wieder die Kanzel. Doch er kam zu spät oben an. In einer wilden Jagd rasten zwei dunkle Schatten über die Grasfläche und verschwanden in der Schonung. Dort war bald ein lautes Keilerduell im Gange. Unheimlich war das laute Blasen, Ästebrechen und Schlagen mit dem Gebrech. Plötzlich wurde es still. Die Keiler hatten sich getrennt, der Kampf war entschieden.
Für den Jäger hieß es, erst eine Weile zu warten, bis alle Gefahr vorüber war. Es war anzunehmen, daß wenigstens einer der Keiler noch in der Schonung steckte, und in diesem erregten Zustand ist es sehr gefährlich, einem starken Keiler zu begegnen. Erst als lange Zeit nichts zu sehen und zu hören war, verließ der Jäger die Kanzel und ging leise und vorsichtig nach Hause.
Am nächsten Morgen, bei vollem Tageslicht, war der Jäger mit Waldi, dem erfahrenen Dackelhund, auf dem Weg zur Schonung. Während der Rausche befindet sich das Schwarzwild in den großen Wäldern auch am

Tag oft auf den Läufen. Die Keiler lassen den Bachen keine Ruhe. Auch die jüngeren Keiler bekämpfen und verfolgen sich, wenn sie sich auf der Fährte einer Bache begegnen.
Der Jäger beschloß, die Grasfläche aufzusuchen und vom Hochsitz die Sauen zu beobachten. Bei diesen Vagabunden ist es zwar nicht sicher, daß man sie heute noch da antrifft, wo sie gestern waren. Doch bei dem guten Sauenbestand und der vom Schwarzwild bevorzugten großen Schonung war es möglich, daß sie hier noch steckten.
Waldi an der Leine, pirschte er auf dem schmalen Steg in Richtung Kanzel. Nur wenige Schritte war er noch von der Grasfläche und der Kanzel entfernt, als er einen lauten Schrei von einer Bache hörte. Sie mußte nah gewesen sein und wohl von einem Keiler hart bedrängt. Mit der gesicherten Büchse in der Hand, Waldi dicht bei Fuß, ging er langsam und vorsichtig bis zu einer kleinen Fichte, neben der ein alter Baumstubben stand. Von dem hohen Stubben konnte man die Grasfläche gut übersehen. Mit dem Fernglas wurde alles Auffällige genau untersucht. Aber kein Tier war zu sehen. Es war daher anzunehmen, daß die Tiere in einem der Gräben waren. Das Besteigen der Kanzel in der Nähe der Sauen war bedenklich.
So blieb der Jäger auf dem Boden, um nichts zu verderben. Als lange Zeit nichts zu sehen und zu hören war, wurde eine Frühstückspause gemacht. Aus der Tasche holte er eine belegte Brotschnitte und teilte sie ehrlich mit Waldi.
Da, wieder der laute Schrei! Auch Waldi hatte ihn vernommen. Er wurde sehr aufgeregt und sprang mit einem hohen Satz dem Herrchen auf den Schoß, um besser sehen zu können. Das Stück Brot, das er im

Fang hatte, fiel ihm aus dem geöffneten, hechelnden Mund. Er kannte diese Schreie der Wildschweine. Bei Drückjagden wurden oft Sauen von Hunden gestellt und angegriffen, dann schrien sie vor Schmerz und Wut genau so.

Die Sache wurde jetzt ernst und spannend. Die Sauen befanden sich in einem Graben, der schon ganz zugewachsen war. Einmal mußten sie ihn aber doch verlassen, und dann war die Gelegenheit zum Schuß recht günstig.

Kaum stand der Jäger wieder auf dem großen Stubben, erschien die Bache auf dem Grabenrand. Sie brach den Boden auf und schien ganz vertraut zu sein. Die Büchse wurde jetzt entsichert und langsam in Anschlag gebracht. Da kam auch der Keiler zum Vorschein. Ein starker grober Basse, mindestens zwei Handspannen höher als die Bache. Er stand spitz und sicherte zum Jäger. O Diana, flehte der Jäger, laß jetzt bloß den Wind nicht küseln, der alles verderben kann!

Der Keiler schien nichts zu wittern, er folgte der Bache, die sich vom Jäger entfernte. Etwas schräg von hinten stand das Silberkorn kurz hinter dem Blatt. Der Stecher tickte, gleich darauf krachte der Schuß laut in den stillen Morgen.

Rasende Flucht in die nahe Schonung. Ein zweiter Schuß war nicht mehr möglich. Doch die Kugel mußte gut sitzen. Jetzt zitterten dem Jäger Hände und Füße, als er von dem Stubben stieg. Eine Zigarette beruhigte ihn wieder. Nun hieß es aber erst abwarten.

Über eine halbe Stunde warteten die beiden Jagdgenossen. Dann war es Zeit, zum Anschuß zu gehen. Die tiefen Eingriffe zeigten deutlich den Absprung. Nach einigem Suchen wurde Schnitthaar gefunden, aber kein Schweiß. Waldi folgte der frischen Fährte am Riemen bis zur Schonung. Jetzt wurde es schwierig! Die drei bis vier Meter hohen Kiefern waren so dicht und bis zum Boden voller Äste, daß es kaum möglich war, in die Schonung einzudringen. Nur Waldi konnte unter den abgestorbenen starren Ästen gut durchkommen. Die kurze Hundeleine in der einen Hand, die gesicherte Büchse in der anderen, ging es der Fährte nach in die Schonung. Nur kriechend oder gebückt ging es langsam voran. Bald bluteten die Hände und das Gesicht. Tote Nadeln rieselten beim Berühren der Bäume und fielen in den Nacken.

Für Waldi war das Tempo viel zu langsam. Er mußte immer wieder auf Herrchen warten, der die um Zweige und Stämme verhedderte Leine freimachen mußte. Immer wieder wurde angehalten, und die Umgebung mit dem Glas abgesucht. In der Schonung lagen viele große Steine, alte Baumstubben und abgebrochene Stämme. Sie durften nicht übersehen werden, denn hinter ihnen konnte der Keiler stecken.

Schon waren die beiden ein ganzes Stück in der Schonung, als bei einem Rundblick wieder ein dunkler Haufen zu sehen war. Die Fährte führte geradewegs auf diese Stelle zu. War es der Keiler oder etwas anderes? Nicht mehr weit mußte auch die Grenze der Schonung sein, an die sich ein Erlenbruch anschloß. Waldi wurde immer unruhiger und zog an der Leine, schnüffelte an der Fährte und in der Luft und winselte vor Aufregung. Da schnallte ihn der Jäger los, und mit einem Aufjaulen sauste er auf den Haufen zu. Der Jäger rief laut und pfiff einige Male, doch der dunkle Haufen bewegte sich nicht.

Da war Waldi am Keiler. Kläffend umkreiste er ihn erst einige Male. Dann stürzte er sich auf ihn und zauste ihn an allen Körperteilen. Nun konnte auch der Jäger sicher zu dem Keiler gehen.

Da lag der stärkste Keiler eines langen Jägerlebens vor seinen Füßen. Er schnitt drei grüne Kiefernzweige ab und legte nach altem Brauch einen Bruch in das schweißgefüllte starke Gebrech, den zweiten Bruch auf den Einschuß, den dritten steckte er sich an seine Mütze. Lange betrachtete er den alten, schweren Recken. Hätte er sein Jagdhorn bei sich gehabt, würde das Signal „Sau tot“ über dem gestreckten Keiler durch den stillen Wald schallen.

Jetzt mußte er aber an die blutige Arbeit denken. Nur mit Mühe konnte er den schweren Keiler aufbrechen. Gut verwittert und verblendet ließ er ihn zurück, um ihn bald mit einem Ackerwagen und vier starken Männern abzuholen. Es war nicht leicht, ihn aus der Schonung zu ziehen und auf den Wagen zu laden. Auf grünen Kiefernzweigen verließ der tote Keiler den Wald, in dem er sein langes und bewegtes Leben verbracht hatte.

Es war das stärktste Stück Schwarzwild, das in vielen Jahren in diesem Revier geschossen wurde. Diana, die launische Göttin, hatte ihrem Jünger einen Kuß auf die Stirn gehaucht...

Rund um den Schnepfenbaum

Als Überbleibsel eines großen Erlenbruches ist ein Erlensprößling stehen geblieben, der im Laufe der Jahre zu einem stattlichen Baum aufwuchs. Da der Baum in einer Weggabelung stand, störte er niemanden. Außerdem war diese Gabelung die sogenannte Dreiländerecke, an der drei Reviergrenzen zusammenstießen.

Der Baum erfreute sich einer besonderen Beliebtheit bei allen drei Nachbarn. Er war eine Art Denkmal, das an eine große Pionierarbeit erinnerte, die hier vor einem Menschenalter durchgeführt worden war. Aus einem wertlosen, sumpfigen Bruch wurde in gemeinsamer Arbeit der drei Nachbarn ertragreiches Kulturland geschaffen.

Die drei Nachbarn waren zwei Landwirte und der Forstfiskus. Den Landwirten lag es an ertragreichen Wiesen und Weiden und dem Fiskus an einem guten Waldbestand.

Die Entwässerung und die Kultivierungsarbeiten nahmen lange Zeit in Anspruch. Auch die aufgewendeten finanziellen Mittel waren erheblich. Da aber eine gute Vorflut vorhanden war, rechnnete man bei diesem Vorhaben mit einem sicheren Erfolg und einer guten Verzinsung der aufgewendeten Mittel.

Was die Väter und Vorgänger aufgewandt haben, hat sich längst bezahlt gemacht. Die Landwirte ernteten schon viele Jahre das beste Heu, und der Fiskus erwartete seine volle Ernte in den nächsten Jahren.

Der Erlenbaum hatte aber noch eine andere Bedeutung bei den drei Nachbarn. Er war der weithin bekannte Schnepfenbaum. Von altersher hielten hier die

Schnepfen ihren Frühjahrszug. Wahrscheinlich waren es noch die ererbten Urinstinkte von den Vorfahren, die in dem großen Bruch ihre Brutstätten gehabt hatten.
Damals zogen noch klobige Hirsche, grobe Keiler und starke Böcke ihre Fährten durch das Bruch. In dem undurchdringlichen Dschungel war es damals noch möglich, sich vor den Augen des Jägers zu verbergen. Heute ist das auch hier längst vorbei.
Unmittelbar neben dem Schnepfenbaum stand der Grenzstein. Er war schon lange vor dem Baum da und von einer dicken Humusschicht bedeckt. Er war auch nicht wichtig, denn seit jeher galt der Baum als Grenze. Er stand sozusagen auf Niemandsland.

Wenn um Okuli die Schnepfe zog, fanden sich alle drei Nachbarn am Schnepfenbaum ein. Nach einer Vereinbarung durfte jeder Schütze nur die Schnepfe schießen, die über seinem Revier strich. Das war nicht so einfach. Bei dem schnellen Flug konnte man nicht immer Schnepfe und Grenze im Auge behalten. Es löste so manches Gespräch aus, wenn der beschossene Vogel beim Nachbarn zu Boden fiel. Dann war er selbstverständlich über Nachbars Revier beschossen. Da aber bei den drei Nachbarn Wildfolge vereinbart war, durfte sich der Schütze die Schnepfe holen.
Nun war in diesen ausgezeichneten Revieren die Schnepfe nicht das einzige Wild. Rotwild und Schwarzwild, Rehe und Hasen kannten weder die Reviergrenzen noch die Revierinhaber. Für sie waren die Wiesen und der Wald ein unbegrenzter Lebensraum. Das gute Gras auf den Wiesen betrachteten sie ebenso als ihr Eigentum wie die Dickungen im Nachbar-Revier. Da die drei Nachbarn gute Freunde

waren, brauchte man keine Kompromißlösungen. Der Abschußplan wurde gemeinsam aufgestellt, man beriet und verständigte sich gegenseitig.

Da ereignete sich ein Zwischenfall, der einen tiefen Riß in die gutnachbarlichen Beziehungen brachte. Der eine Landwirt hatte einen Arbeiter, der beim Schlingenstellen in der Staatsforst gefaßt wurde. Er wurde dem Gericht übergeben und abgeurteilt. Der staatliche Revierförster blieb aber weiterhin mißtrauisch und vermutete noch mehr Leute hinter dem gefaßten Wilderer. Er veranlaßte weitere Vernehmungen und Untersuchungen durch die Polizei. Außerdem wurde allen Unbefugten streng verboten, die Staatsforst zu betreten.

Nicht so tragisch haben dieses Verbot einige junge Leute von dem Gut genommen, auf dem der Wilderer beschäftigt war. An einem Sonntagnachmittag wurden sie von einem Forstlehrling in der Staatsforst gestellt und vom Revierförster zur Anzeige gebracht.
Unter den Jugendlichen befand sich auch der Sohn des Gutsherrn. Eine exemplarische Geldstrafe war die Folge dieses Sonntagsausfluges. Außerdem bekamen die Eltern eine Ermahnung wegen vernachlässigter Aufsichtspflicht. Das schlug bei dem Gutsherrn den Boden aus dem Faß. Beide Feldnachbarn distanzierten sich von dem Förster, und auf seine fadenscheinigen Ausreden reagierte man nicht.

So wurde auch der Schnepfenbaum in Zukunft von allen dreien gemieden. Den Schnepfen konnte das nur recht sein. In jedem Frühjahr quorrten und puitzten sie um den Erlenbaum, und da sie nicht mehr geschossen und gestört wurden, blieben immer mehr Brutpaare dort zurück. Nach einigen Jahren war der

Schnepfenbestand in allen Revieren so gut wie nie zuvor.

Auch dem anderen Wild war diese Störung der bisher gutnachbarlichen Verhältnisse eine willkommene Angelegenheit. Manches Stück hatte dadurch ein unverdientes Tabu für sich in Anspruch nehmen können. Die Reviergrenzen wurden von beiden Seiten jagdlich gemieden. Man wollte sich gegenseitig nicht behelligen und verdächtigen. So konnte auch ein alter Rehbock seine Decke so lange durchmogeln, bis er an Altersschwäche einging. Seinen Kopf mit einem vollkommen deformierten und verkümmerten Gehörn fand man zur Zeit der Heuernte in der Nähe des Schnepfenbaumes auf der Wiese.

Neues Öl auf den glimmenden Funken der Feindschaft und des Mißtrauens zwischen dem Forstfiskus und den Landwirten brachte ein Vorfall, der unter anderen Verhältnissen kaum weitere Beachtung gefunden hätte.

Zwei Hütehunde eines Melkers wilderten im staatlichen Revier ein Kitz. Der eine Hund wurde dabei erschossen, der andere entkam. Selbstverständlich erfolgte wieder Anzeige. Wenn diese Angelegenheit auch kein weiteres Nachspiel hatte, so entschloß sich doch die höhere Forstverwaltung zu einem Ausweg aus diesem Spannungsfeld. Dem alten Revierförster wurde der Vorschlag unterbreitet, eine Versetzung zu beantragen. Dieser Weg schien die einzige Möglichkeit zu sein, wieder normale Verhältnisse zwischen dem Fiskus und den beiden Landwirten herzustellen. Der Förster hatte keine andere Wahl mehr und wurde in ein kleines, leichtes Revier versetzt.

Der junge Nachfolger hatte mit Schwung und Takt die Schwierigkeiten und Hindernisse bald beseitigt und

Kontakt zu den beiden Landwirten aufgenommen. Der alte Fehdehandschuh wurde begraben.
Unter diesen guten Vorzeichen traf man sich im Frühjahr zur verabredeten Zeit am Schnepfenbau. Was man dort erlebte, übertraf alle Erwartungen. Es wurde beschlossen, im Frühjahr keine Schnepfen dort zu schießen. Dafür waren das Buschieren und der Zug im Herbst ein wirkliches Vergnügen.
Dem anderen Wild ging es jetzt auch mehr an den Leib. Nach dem Motto: wenn sich zwei streiten, freut sich der dritte, hatte der Bestand, besonders bei Rotwild und Schwarzwild, stark zugenommen. Nun wurden wieder fröhliche Jagden veranstaltet und das gute Verhältnis wurde nicht mehr getrübt. Der Schnepfenbaum hat noch manche lustige Jagdgeschichte gehört, wenn unter seiner Krone das Frühstück eingenommen wurde.
Bei einer solchen Gelegenheit lernte der junge Förster die hübsche blonde Tochter des Nachbarn kennen. Die Begegnung war auf beiden Seiten nicht ganz wirkungslos geblieben. Das Mädchen erbat bei den Jagdfreunden die Erlaubnis, an dem weiteren Treiben teilnehmen zu dürfen. Das wurde ihm freundlichst gestattet. Am Abend war die Jagdgesellschaft Gast bei dem Vater der jungen Dame.
Wie es nun mit der Liebe ist — plötzlich ist sie da. Webt und wirkt mit ungeahnter Zaubermacht ein Netz um die Liebenden, aus dem sie sich nicht mehr befreien können.
Jede Gelegenheit benutzte der junge Förster, um dem hübschen Mädchen zu begegnen. Als Reviernachbar bot sich ihm mancher Anlaß, bei dem Gutsnachbarn vorzusprechen. Bald war der junge Mann ein gern gesehener Gast in diesem Haus.

Als im folgenden Frühjahr die Schnepfen wieder über Wald und Wiesen strichen, trafen sich die beiden jungen Menschen am Schnepfenbaum. Zum ersten Mal sollte das junge Mädchen balzende Schnepfen streichen sehen. Der schöne Vorfrühlingsabend versprach einen guten Schnepfenzug. In stiller Erwartung standen die beiden unter dem Schnepfenbaum und lauschten den Stimmen im Wald. Langsam senkte sich der Abend über Wald und Wiesen. Die ersten Rehe traten zur Äsung aus. Ein Fuchs untersuchte Maulwurfshaufen und Grasbüschel nach Mäusen und Käfern. Zum ersten Mal im Leben sah das Mädchen frei lebende Waldtiere so nah. Die Zeit wurde nicht langweilig.
Da kam auch schon die erste Schnepfe laut quorrend vom Wald her angestrichen. Der Förster hob die Flinte, aber eine schmale Hand legte sich auf die Läufe. Die Flinte wurde abgesetzt, gesichert und an den Baum gestellt. Noch drei Schnepfen strichen in Schußnähe am Baum vorüber. Dann wurde es dunkel und still. Als die beiden den Heimweg antreten wollten, schreckte plötzlich ein Reh so nahe, daß das Mädchen vor Schreck fast erstarrte. Zitternd umklammerte sie den Arm des Försters. Der nahm die schöne Nachbarin in die Arme. Nur der helleuchtende Schnepfenstern und der Erlenbaum waren Zeugen dieser unvergeßlichen Stunde.

Die Eltern des jungen Mädchens hatten nichts gegen den jungen Förster einzuwenden. So wurde die Verlobung beschlossen und festlich begangen. Ein glückliches Brautpaar traf sich noch oft an der großen Wiese oder im Haus der Brauteltern. An einem schönen Sommertag zog die junge Förstersfrau in das einsame Forsthaus ein, begrüßt mit lautem Jagdhornklang der grünen Gilde.

Liebe Erinnerungen

Die Jahre vergingen. In dem Försterhaus wuchs eine neue Generation fröhlicher Kinder heran. Die Försterfrau hatte alle Hände voll zu tun. Wenn aber im Frühling die Schnepfen strichen, ließ sie es sich nicht nehmen, mit ihrem Mann den Schnepfenbaum aufzuzuchen. Dieses Stückchen Erde blieb für sie der schönste Platz und der Ort lieber Erinnerungen.
An dem Schnepfenbaum starben immer mehr Äste ab und fielen vertrocknet zu Boden. Graugrüne Baumalgen siedelten sich an der borkigen Rinde an. Unverkennbar waren die Alterserscheinungen. Aber noch stand er fest im Boden. Unter seiner weiten Krone wuchsen Farnkräuter, Veilchen und Anemonen. In der Krone lockte der wilde Täuber. Der Mäusebussard fußte fast an jedem Abend auf einem der dicken Äste. Von da hielt er Ausschau auf die Mäuse, die im Gras raschelten. Am späten Abend wurde er von einem Waldkauz abgelöst.
An stillen Herbstabenden, wenn die Wiesen in einem dichten Nebelschleier versanken, war es hier besonders still und fast feierlich. Das Wild trat zur Äsung fast jeden Abend auf die Wiesen aus. Rotwild, Rehe und Schwarzwild fanden das ganze Jahr über gute Gräser und unter der Grasnarbe Würmer, Käfer und andere Insekten. Zur Zeit der Hirschbrunft war hier immer einiges los. Auf den Wiesen oder in den angrenzenden Waldbeständen röhrten die Hirsche, daß es weithin schallte.
Dann kam eine stürmische Novembernacht. Von der Wiese her strichen die Sturmböen gegen den Rand des Waldes, auch gegen den Erlenbaum. In dem feuchten, lockeren Boden hatten die wenigen noch gesunden Wurzeln nicht mehr genug Halt. Viele waren schon

abgestorben. Als eine starke Bö den Baum mit elementarer Gewalt zur Waldseite drückte, gaben die Wurzeln nach, und langsam neigte sich der Stamm zur Seite. Die Krone berührte den Boden, der Wurzelstock ragte hoch aus der Erde heraus.

Man hat ihm keinen Gedenkstein gesetzt. Aber alle, die ihn kannten, waren betrübt. Kahl wirkte die Stelle fortan, und man sprach nicht mehr von einem Schnepfenbaum.

Als die Forstbehörde den tüchtigen Förster in eine weit bessere Stelle versetzen wollte, lehnte er das Angebot ab. Erst als die Kriegsfurie auch in dieses Land einbrach, verließ die Försterfamilie den Wald und das Forsthaus, um sich dem Strom der Flüchtenden anzuschließen.

Dort, wo sie jetzt den Lebensabend verbringt, gibt es keine Schnepfen, keine Sauen und keine Hirsche. Aber wenn im Frühling die Schnepfenzeit kommt, denken die beiden noch immer an den Wald im fernen Osten.

Die letzte Pirsch

Die Hirschbrunft neigte sich dem Ende zu. Die Hirsche waren müde und matt, die Körper abgezehrt. Den Jägern ging es nicht viel besser. Es galt, Gäste zu führen, das Wild zu beobachten und genaue Aufzeichnungen zu machen. Trotz der Unruhe war die Stimmung bei der Jägerschaft und bei den Gästen ausgezeichnet. Das Wetter war gut, und das Wild bummelte gern in den hellen trockenen Nächten auf den Feldern und Wiesen.

Der junge Jagdherr schoß schon zu Beginn der Brunft einen guten jagdbaren Zwölfender, ein Gast einen guten Abschußhirsch. Auch der junge Förster hatte seinen Deputathirsch schon geschossen. Nun stand noch ein alter ungerader Zehner auf dem Abschußplan, den ein guter Freund des Jagdherrn erlegen sollte. Der Hirsch stand noch bei seinem Rudel. Am nächsten Tag sollte der Gast kommen.

Der alte Gutsherr hatte den Besitz vor wenigen Jahren seinem Sohn übergeben. Nun lebte er in stiller Beschaulichkeit unter seinen Kindern und Enkeln.

Wenn sich der alte Herr auch nicht mehr um die einzelnen Angelegenheiten des Gutsbetriebes kümmerte, seine Inspektionsfahrten durch Feld, Wald und Wiesen hatte er nicht aufgegeben. Ludwig, der alte Kutscher, mußte fast an jedem Nachmittag pünktlich vor dem Gutshaus vorfahren, und pünktlich auf die Minute bestieg der alte Herr den Jagdwagen.

Die beiden braunen Trakehner kannten alle Feld- und Waldwege. Sie kannten auch das Tempo, mit dem der alte Herr zu fahren wünschte. Ein freier Schritt war die übliche Gangart. So konnte Ludwig seine Augen und

Ohren für die Umgebung offenhalten. Die Augen des alten Herrn hatten nicht mehr die alte Sehschärfe. Ludwig teilte ihm daher laufend seine Beobachtungen mit. Es gab immer wieder einige wichtige Dinge zu sehen und später mit dem Sohn zu besprechen.
Aus alter Gewohnheit wurde die gute alte Büchse auf diesen Fahrten mitgeführt. Der letzte Schuß war allerdings schon vor langer Zeit auf einen guten Brunfthirsch abgegeben worden. Damals hatte der alte Herr das Gut seinem Sohn übergeben; der starke Hirsch sollte sein letzter sein. Der alte Förster verblies ihn abends beim Fackelschein vor dem Gutshaus mit „Hirsch tot und Jagd vorbei". So hatte es der alte Herr angeordnet. Und seitdem hatten Bock und Hirsch, Sau und Gams Ruhe vor der sicheren Kugel des alten Waidmanns.
Dem Förster wurde ein junger Forstgehilfe zugeteilt, der zwei Jahre später die Stelle übernahm. Nur dem alten Gutsherrn stand der Forstbeamte noch zur Verfügung, mit dem er den musterhaften Forstbetrieb aufgebaut hatte.
Auch an diesem Tag hielten die Braunen vor dem Försterhaus, um den alten Förster mitzunehmen. Die Hirschbrunft war schon abgeklungen, und man konnte es wagen, wieder durch den Wald zu fahren, ohne den Brunftbetrieb zu stören.
Ein herrlicher Herbsttag lag über dem weiten Land. Die Septembersonne vergoldete das bunte Herbstlaub der Buchen und Eichen. Über dem Wald kreisten vier Bussarde, in Spiralen aufsteigend und im Gleitflug wieder fallend. Ihre Rufe schallten weit über das Land. Auf den Feldern waren Menschen und Gespanne mit der Herbstbestellung beschäftigt. Aus den Staubwolken drangen Rufe, auch mal ein Lied von jungen

Burschen und Mädchen, zu den Vorüberfahrenden hinüber.
Die drei Männer schwiegen, bis sie an den Waldrand kamen. Die Pferde gingen in ruhigem Schritt, der Wagen knarrte leicht auf dem trockenen Feldweg. Erst vor dem Wald fragte der Gutsherr den Förster, welchen Weg er diesmal vorschlage. Auf diese Frage hatte der Förster schon gewartet. Nur selten hatte der Gutsherr bestimmt, wohin gefahren werden sollte. Im Wald führte der Förster. Diesmal hatte er sich einen besonders schönen Weg ausgedacht. Er wollte den Gutsherrn nach langer Zeit am Bruch vorbei auf die Landstraße führen, über die großen Waldwiesen, an den Buchenkulturen vorbei und auf dem schönen Fichtenweg, der eine weite Strecke schnurgerade durch einen hohen Kiefernbestand verlief und an beiden Seiten von je einer Reihe hoher Fichten eingefaßt war.

Ludwig und der alte Förster hatten Luchsaugen. Nichts entging ihnen. Jedes Stück Wild entdeckten sie. Mochte es sich drücken oder heimlich verschwinden wollen. Schießen wollte man ja nicht, aber einen guten Anblick ließ man sich nicht nehmen.

Wenn es etwas Besonderes war, genügte ein kurzes Anziehen der Leine, und die Braunen standen still. Eine Gewohnheit, die ihnen schon im Blut lag. Der Jagdherr sah dann auf Ludwigs Peitsche. In der Richtung der Peitschenspitze war das betreffende Stück Wild. Die alten Augen brauchten schon eine Unterstützung durch ein gutes Glas. Das war etwas umständlich, ließ sich aber nicht ändern.

Als der Wagen um die Ecke einer dichten Baumgruppe fuhr, sprang aus ihr ein Hirsch auf und flüchtete in jüngeren Mischbestand. Auf die kurze Entfernung sahen ihn alle drei zur gleichen Zeit. Der Anblick genügte, um ihn als starken Hirsch anzusprechen. Im Troll verschwand er bald in dem dichten Bestand, doch sechs Augen schauten ihm noch lange nach.

Endlich fragte der Jagdherr: „Wo hat der bisher gestanden?"

Der Förster antwortete kurz: „Noch nie gesehen!"

Damit endete das Gespräch über den Hirsch. Erst kurz vor dem Gutshof fragte der Gutsherr:

„Was meinen Sie, Förster, ob ich wohl noch Kimme und Korn zusammenbringe?"

Dann nahm er die Büchse vom Halter, und während Ludwig die Pferde anhielt, zielte er auf einen Telefonmast. Die Büchse lag ihm ruhig in der Hand. Der junge Förster solle den Hirsch beobachten, so ordnete der Jagdherr an. Das ließ sich aber der alte Förster nicht nehmen. Am Abend saß er selbst auf einer Kanzel und beobachtete die Umgebung, in der der Hirsch gesehen worden war. Als das Büchsenlicht schon fast verschwunden war, trat der Hirsch aus einem dichten Fichtenbestand. Er überquerte einen breiten Waldweg und verschwand in einer lichten Buchenkultur. Das gute Nachtglas reichte gerade noch aus, um ihn als einen starken Vierzehnender anzusprechen.

Am nächsten Morgen wurde dem Jagdherrn Rapport erstattet. Am Nachmittag fuhr er in Begleitung des Försters wieder ins Revier. Noch weit ab von der Kanzel verließen beide den Wagen und pirschten langsam zur Kanzel hin.

In der Mittagszeit traf auch der neue Jagdgast ein. Der junge Förster erhielt Anweisung, mit dem Gast diesen Teil des Reviers nicht zu betreten. So störte man sich gegenseitig nicht.

Lange war es um die Kanzel still. Den beiden Beobachtern wurde die Zeit nicht lang. Als sich die Dämmerung über den stillen, herbstlichen Wald senkte, belebte er sich mit vielen Bildern und Stimmen. Eine Ricke mit Kitz trat auf den Weg und äste langsam auf die Kanzel zu. Auch ein Fuchs überquerte den Weg! Wahrscheinlich auf einer Spur. Die Rehe interessierten ihn nicht. Über dem Wald zog ein Trupp Kraniche in südlicher Richtung.
Auch in den Baumkronen und im Gebüsch wurde es lebendig. Die kleinen gefiederten Waldbewohner waren auf der Suche nach geeigneten Schlafplätzen oder auf Insektenfang.
Da war plötzlich ein leiser Geweihanschlag aus dem Mischbestand zu hören. Dann brach ein Zweig. Der Jagdherr machte sich schußfertig. Aber es dauerte noch lange, bis wieder ein Ast brach. Jetzt schon näher. Inzwischen war die Dämmerung so weit vorgeschritten, daß mit einem sicheren Schuß nicht mehr gerechnet werden konnte. Und gerade jetzt, als der Schütze durch das Zielfernrohr die Möglichkeit prüfen wollte, trat der Hirsch auf den Weg. Das Licht reichte gerade noch aus, um das Fadenkreuz im Zielfernrohr auf dem Blatt des Hirsches zu sehen. Im Schuß ging der Hirsch vorne hoch und verschwand im Unterholz. Ein harter Kugelschlag verriet den beiden Jägern das gute Abkommen.
Dem Jagdherrn zitterten die Knie, als er die Büchse dem Förster übergab. Nach einer kurzen Wartezeit verließen beide den Hochsitz und begaben sich zum Anschuß. Trotz der Dunkelheit waren die tiefen Eingriffe des Hirsches in dem leichten Boden deutlich zu sehen. An den Gräsern und am Buchenlaub klebte dunkler Schweiß. Der Förster folgte der Fluchtfährte

ein kurzes Stück und stand bald vor dem verendeten Hirsch. Der Jagdherr folge ihm. Als der Förster das Haupt des Hirsches mit dem starken Geweih aufge richtet hatte, trat er an eine Jungbuche, schnitt drei Zweige hab, legte einen auf den Ausschuß, den zweiten in den Äser und den dritten überreichte er dem Schützen, der in den Anblick des Hirsches tief versunken war.
Dann nahm er das Pleßhorn und in die Stille des Waldes schallte das Signal „Hirsch tot". Ein weiteres Signal rief Ludwig zur Kanzel. Prustend und schnaubend kamen die Braunen im scharfen Tempo an.
Während der Förster und Ludwig den Hirsch aufbrachen, saß der alte Jagdherr in der Nähe auf einem Stubben. Da hörten die beiden einen tiefen Seufzer aus des Jagdherren Brust.
Am nächsten Morgen, in aller Frühe, wurde der Hirsch geholt. Als der Förster mit dem geschärften Geweih zur gewohnten Frühstückszeit im Gutshaus erschien, war der Jagdherr noch nicht da. Die junge Schwiegertochter öffnete leise die Schlafzimmertür. Da lag der alte Jäger auf seinem Bett, still und starr.
Über der offenen Gruft erscholl für ihn zum letzten Mal das Signal „Halali und Jagd vorbei".

Nur ein kleiner Wiesenbach

Flüsse, Teiche und Seen wirken in einer Landschaft eigentlich immer reizvoll und anmutig. Ein Bach in einem Wiesental ist wie ein schönes Muster in einem Gewebe. Ein Teich oder ein See in einem von Hügeln umgebenen Gelände wirkt wie ein schönes Schmuckstück bei einer Dame. Das Muster und der Schmuck ziehen die Blicke der Beschauer auf sich und lassen das übrige mehr oder weniger in den Hintergrund treten. Ein still dahinfließender Bach, an dessen Ufern noch Bäume und Sträucher stehen, oder ein von Hügeln, Wäldern und Feldern umgebener See verschönen die ganze Landschaft. Den Naturfreund ziehen solche Stellen immer wieder an, vermitteln ihm eindrucksvolle Bilder und Erlebnisse. Eine Traumlandschaft, wenn sie nicht durch Eingriffe der Menschen so verwandelt wurde, daß der Bach wie eine Wasserstraße und der Teich wie ein Wasserbecken aussehen.
Solche Veränderungen in der Natur, besonders an unseren stehenden und fließenden Gewässern, werden heute von vielen geschäftstüchtigen Menschen durchgeführt. Ein flaches Nützlichkeits-Denken bemächtigt sich immer mehr auch der auf dem Lande lebenden Bewohner. Es scheint nur noch eine Frage der Zeit, wann der letzte Teich entwässert und zugeschüttet oder als Campingplatz vermietet ist. Die Wassergräben und Bäche werden einer Röhrenentwässerung weichen. Bäume und Sträucher verschwinden dann ebenfalls von den Flächen.
Der moderne, rational denkende Mensch hat die Herrschaft angetreten. Für Naturschönheiten und Romantik hat er kaum noch Verständnis.

Eine solche von den Menschen umgewandelte Landschaft bietet auch den wildlebenden Tieren keinen Schutz mehr. Die Vögel finden keine Brutstätten, und Reh, Hase, Rebhuhn und Fasan verlassen die Gegend. Es wird still und einsam auf den Kultursteppen, die der Mensch geschaffen hat; seine technischen Wunderwerke beherrschen in Ton und Bild seine Umgebung.

Ein viele Kilometer langes Wiesental kannte ich von meiner Kindheit her. Noch vor einer Menschengeneration waren hier Sümpfe und Brüche, die man nur unter Lebensgefahr betreten konnte. Durch umfangreiche Entwässerungsanlagen und Kulturarbeiten sind daraus ertragreiche Wiesen und Weiden geschaffen worden. Aber noch wachsen an den vielen Abflußgräben, die das überschüssige Schmelz- und Regenwasser zum Bach abführen, viele Bäume und Sträucher, die einzeln oder in Gruppen die Landschaft beleben und vielen Tieren Schutz und Nistmöglichkeit bieten.

In den Bachschleifen staut sich das Wasser. Hier haben sich Erlen und Weiden angesiedelt. Viel Unterholz, Schilf und Sumpfgräser bilden einen undurchdringlichen Dschungel. Diese Baum- und Strauchinseln sind die letzten beliebten Einstände für viele Tiere. Rehe, Hasen und Füchse halten sich gern hier auf. In den Baumkronen brüten Wildtauben, Krähen, Elstern und Pirole. Von Menschen werden die Tiere nur selten gestört, auch die weidenden Pferde und Rinder stören sie nicht.

Das lange Wiesental ist von flachen Hügeln an beiden Seiten begrenzt. Es ist eine Schmelzwasser-Rinne aus der Eiszeit. Sie führt zu einem breiten Urstromtal und einem großen Fluß, der in die Ostsee mündet. Am Rand der Wiesen und Weiden liegen viele Dörfer und Gutshöfe.

Der Bach fließt in seinem ersten Viertel durch eine Stadt. Das Wahrzeichen dieser Stadt ist eine alte Ordensburg. Sie ist auf einem hohen Berg erbaut, dem sogenannten Schloßberg. Von der Burg hat man einen weiten Blick über das Land mit seinen Hügeln, Wäldern, Wiesen und Feldern. Die siebenhundertjährige Geschichte der Burg hat an ihr viele Spuren von Kriegen, Brand und Belagerung hinterlassen.
Zur Zeit der Heuernte herrscht auf den Wiesen lebhaftes Treiben. Während die Menschen im Schweiße ihres Angesichts die schweren Arbeiten verrichten, jubeln um sie herum unzählige Lerchen, Laubsänger, Finken, Kuckuck und Pirol. In den Wassergräben stelzen Störche und Fischreiher. Im hohen Gras ruft der Wachtelkönig sein unermüdliches „Errrp — errrp".
Wenn im Herbst das letzte Grummet geerntet und abgefahren war, die Rinder und Pferde abgetrieben und eingestallt wurden, die fröhlichen Sänger das Land verlassen hatten, wurde es still und einsam auf den Wiesen am Bach. Bis in den Vormittag hinein bedeckte dichter Nebel die braun gewordenen Grasflächen. Auf den laublosen Bäumen krächzten die Krähen und schäkerten die Elstern. In den Torfstichen und Wassergräben paakten die Wilderpel.

Rehe und Hasen waren jetzt besonders vorsichtig, weil sie nur wenig Deckung hatten. Schon lange vor Weihnachten bedeckte tiefer Schnee die Flächen. Das Wasser in den Torfstichen und kleinen Wassergräben fror oft über Nacht zu, nur der Bach blieb noch eine Weile offen.
Viele Spuren kann man jetzt im Schnee sehen. Die Trittsiegel verraten den schleichenden Fuchs auf der Mäusejagd, den springenden Iltis am Bachufer, der

noch einen Frosch oder eine Wasserratte zu erbeuten sucht. Auch der mümmelnde Hase am Weidenstrauch hat seine Anwesenheit verraten. Und noch eine eigenartige Spur führt ein Stück am Ufer entlang, verschwindet im Wasser und taucht ein Stück weiter wieder auf. Unverkennbar die Branten und die Spur eines Fischotters, der hier auf Jagd war.

Es geht ihm nicht gut, dem Otter, wenn im Winter Teiche, Seen und Bäche zugefroren sind. Weite Strecken muß er laufen, um an offene Wasserstellen zu gelangen. Auch diese frieren oft über Nacht zu. Dann heißt es, weiter wandern. Der Fuchs findet noch hier und da ein Mäuschen oder ein krankes oder erschöpftes Tier, und der Hase braucht auch nicht zu hungern, selbst wenn er nur dürres Gras, Zweige und Rinde für seinen Magen findet. Der Fischotter kann aber keine Maus anpirschen, kann Gras und Rinde nicht verdauen. Er lebt von den Tieren des Wassers, und die sind jetzt durch dicke Eisdecken vor ihm geschützt. So wandert er oft tagelang und meilenweit mit leerem Magen. Und dazu wird er noch von Jägern und Fischern verfolgt. Man gönnt ihm die wenigen Fische nicht. Und sein Fell ist das teuerste von allen Pelzträgern bei uns. Wäre er nicht durch ein Gesetz geschützt, — in vielen Ländern steht er unter Naturschutz — gäbe es schon längst keinen Fischotter mehr an unseren Seen und Flüssen.

Am zugefrorenen Wiesenbach zieht er aufwärts, bis er an die Quelle kommt. Hier ist das Wasser noch nicht gefroren. Das Quellwasser ist zwar kühl, aber es friert selten zu.

Groß ist seine Beute nicht, die er hier macht, aber es reicht, um nicht zu verhungern. Hier bleibt er auch, bis die Märzsonne das Eis auf den Flüssen und Seen zum Schmelzen bringt. Nun kann er die Quelle verlassen und am Bach entlang ziehen, bis zum See hinaus. Da gibt es jetzt Fische und keine Fallen und Jäger. Das Leben wird wieder schön.

Auch auf den Wiesen am Bach brachte der Frühling neues Leben. Die Bäume schmücken sich mit frischem grünen Laub. In den Gräben und auf den Wiesen blühen die gelben Sumpfdotterblumen, das duftende Wiesenschaumkraut und viele andere Blumen und Kräuter. Störche und Fischreiher und die unzähligen kleinen Sänger sind wieder da und singen und jubilieren in der Luft und im Gebüsch. Hoch in der Luft kreisen die Bussarde, die Weihen und Störche. Auch die Jungen und Mädchen sind wieder am Bach und suchen nach Schmerlen und Schnecken. Pferde und Rinder beleben die grünen, blühenden Weideflächen, und der alte Rehbock prahlt in den letzten Sonnenstrahlen mit seinem starken dunklen Gehörn. Das ist der Frühling an unserem Wiesenbach.

Ein seltsames Wohnheim

Am Fuß eines sandigen Feldhügels, der mit niedrigen Kiefern, Birken und Wacholder spärlich bewachsen ist und auf dessen magerem Sandboden anspruchslose Gräser, Heidekraut und Ginster ein kümmerliches Dasein führen, liegt ein großer Steinhaufen.

In vielen Jahrzehnten wurden hier Steine zu einem fast haushohen Haufen angefahren, Steine verschiedener Art und Größe. Sie lagen alle auf den umliegenden Feldern. Obwohl sie fast in jedem Jahr von den Ackerflächen abgesammelt und abgefahren werden, kommen immer wieder neue an die Erdoberfläche und behindern die Bearbeitung des Bodens.

Diese Steine wurden von Eiszeitgletschern auf ihrem Weg vom hohen Norden hierher gebracht. Sie sind fast alle rund und glatt geschliffen, mit Sand, Ton und Kies vermischt und in verschiedenen Tiefen abgelagert. Es sind verschiedene Gesteinsarten: Kalkstein, Sandstein, Granit und andere Mineralien. Sogar Bernsteinstücke, versteinerte Urtiere und Lavagestein kommen vor. Früher wurden die harten Steine für Wegebauten, Gartenzäune, Häuser und Schotter verwendet. Heute nimmt man anderes Material dafür. So wird der Steinhaufen immer größer, höher und breiter.

Dieser Steinhaufen ist eine Art Wohnheim für viele Tiere. Sie leben hier als Dauerbewohner oder nur vorübergehend als Gäste für kurze Zeit. Zwischen den Steinen oder in der Erde unter den Steinen suchen sie Schutz vor Wetter und Feinden. Viele finden hier auch Nahrung für sich und ihre Nachkommen.

Es ist eine bunte Gesellschaft von Würmern, Asseln, Tausendfüßlern, Spinnen, Ameisen, Fliegen und

Käfern. Auch kleine Säugetiere, Mäuse, Ratten, Wiesel, Iltis und sogar der Steinmarder suchen den Steinhaufen gern auf. Hier gibt es immer wieder eine Beute zu erjagen oder auch nur einen Unterschlupf zu finden.
Im Herbst suchen viele Tiere den Steinhaufen zum Überwintern auf. Tief im Innern zwischen den Steinen hausen der Igel, die Feldmaus, Erdkröten, Eidechsen und viele andere Winterschläfer.

»Burgfriede« im Winter

Selbst der stärkste Frost dringt nicht bis zur Mitte dieser Steinburg. Wenn dann noch im Winter dicker Schnee das Wohnheim von allen Seiten bedeckt, ist es unter der Schneehaube sogar recht warm. Dann herrscht hier auch eine allgemeine Ruhe. Die ärgsten Räuber, Iltis, Marder, Wiesel und Ratten, verlassen den Ort. Die anderen Tiere schlafen in ihren unzugänglichen Verstecken oder leben von den spärlichen Futtervorräten, die sie im Herbst gespeichert haben. In dieser Zeit herrscht ein allgemeiner Burgfriede unter den Tieren, den es im Sommer nicht gibt.
Wenn Ende März der letzte Schnee von den Feldern verschwunden ist, die warmen Sonnenstrahlen den Boden immer mehr erwärmen, der Saft in den Bäumen und Sträuchern zu steigen beginnt, die Samen keimen und die Knospen aufbrechen, dann ist auch im Steinhaufen der Frühling eingekehrt. Es kriecht und schleicht in allen Löchern und Gängen, zwischen den Steinen und in den Spalten. Die meisten Tiere drängen nach draußen, an die frische Luft, zur Nahrungssuche, oder streben anderen Stellen zu, an denen sie den Sommer verbringen werden.
Eine große, magere Erdkröte, mit dicken Hautwarzen

bedeckt, zwängt sich zwischen den Steinen an die frische Luft und in die Freiheit. An der hellen gefleckten Bauchseite erkennt man das Weibchen. Den Winter verbrachte sie in einem Mausenest unter einem Stein. Ihr Wecker war genau auf die Zeit eingestellt, in der sie aufwachen sollte, um rechtzeitig am Wasser zu sein, wenn die Paarungszeit begann. Obwohl sich die Temperatur im Steinhaufen noch nicht viel geändert hatte, wachte sie trotzdem auf. Nur langsam begannen die inneren Organe, Herz, Lunge, Nieren, die Sinnesorgane und die Glieder, ihre Tätigkeit aufzunehmen. Es dauerte einige Tage, bis sie soweit war, den Steinhaufen zu verlassen und den langen Weg bis zum Teich zu unternehmen.

Jetzt war sie unterwegs zu dem Teich, in dem sie vor mehreren Jahren geboren worden war. Am Tage versteckte sie sich unter Erdschollen, Feldsteinen und Graskampen. Erst gegen Abend begab sie sich auf die Wanderschaft, dem inneren Kompaß folgend, auf dem kürzesten Weg zum Wasser.

Bald schloß sich ihr ein kleiner brauner Kröterich an. Er heftete sich fest auf ihren Rücken und ließ sich bis zum Wasser tragen. Nach einigen Tagen begann die Kröte im Wasser mit der Eiablage. Der Kröterich befruchtete sofort die ausgeschiedenen Eier, die, in gallertartige Schnüre eingebettet, von der Kröte um Wasserpflanzen gewickelt wurden. Von den über siebentausend Eiern werden viele von anderen Wasserbewohnern gefressen. Auch die Kaulquappen überleben nicht alle. Als begehrte Leckerbissen werden sie von Raubfischen, Raubinsekten und Wasservögeln verfolgt. So werden nur wenige junge Kröten das Wasser im Sommer verlassen.

Ein Igelweibchen, abgemagert und noch schwach auf

den Beinen, kroch unter großer Anstrengung aus dem Steinhaufen. Sein Winterlager war gut gewählt. In einem gut ausgepolsterten verlassenen Kaninchenlager zwischen den Steinen hatte es schlafend den Winter verbracht. Nun war die Müdigkeit fort, der Hunger war um so größer. Es gab schon Würmer und Kerfe im Gras, unter altem Laub und auf dem Acker. Die ganze Nacht suchte die Igelin eifrig nach Futter. Am Tage ruhte sie zusammengerollt unter einem Strauch oder einer Erdscholle.

Das Igelweibchen hatte eine bestimmte Richtung eingeschlagen, einen Feldweg entlang. Es trippelte einem Dorf entgegen. Unterwegs nahm es jeden Käfer, Wurm, jede Larve oder Schnecke und was es sonst noch bekommen konnte. Mit dem starken Gebiß und den spitzen Zähnen zerknackte es jeden Käfer, tötete Mäuse, Blindschleichen, Ringelnattern und verzehrte sie.

Viele Tage war das Igelweibchen unterwegs, bis es am Dorfrand in einem großen Garten angekommen war. Hier gab es viele Sträucher, Hecken und einen alten großen Reisighaufen. Es blieb in dem Garten und fraß, was es nur bekommen konnte.

Nach einigen Tagen erschien auch ein Igelmännchen. Es folgte dem Weibchen auf allen Wegen. Am Tag ruhten beide oft beisammen unter einem Strauch oder im Reisighaufen. Dann erwachte bei ihnen der Paarungstrieb. Mit schnalzenden Grunzlauten, Fauchen und ständigen Verfolgungen bedrängte der Igel das Weibchen, bis es sich ihm ergab.

Die Paarungszeit ist für viele Tiere die unruhigste Zeit ihres Lebens. Sie verfolgen sich oft tagelang, ruhen und fressen kaum. Die Männchen kämpfen erbittert gegeneinander, und die Weibchen treiben jede Nebenbuhlerin aus dem gewählten Lebensraum.

Die Kinderstube

Nun mußte an eine Kinderstube gedacht werden. Das Igelweibchen trug trockenes Gras, Moos und Laub in den Strauchhaufen. An einer geschützten Stelle machte es ein weiches, warmes Lager und bald lagen darin sechs kleine, blinde, unbeholfene Igelkinder und tranken die nahrhafte Muttermilch. Nach einigen Wochen führte die Mutter sie aus dem Reisighaufen in den Garten. In jeder Nacht, bei jedem Wetter wurden diese Ausflüge unternommen. Die Mutter vorne und die Jungen hinterher, wie an einer Perlenschnur, immer schön hintereinander. So blieb die Familie zusammen, bis die Jungen erwachsen waren und sich ihre Nahrung selbst suchen mußten. Dann verteilten sie sich. In anderen Gärten und im nahen Wald fanden sie ihr Futter. Zum Winterschlaf fand jedes Tier eine geeignete Stelle. In Laubhaufen, Strohmieten, alten Gebäuden und Komposthaufen verbrachten sie schlafend den Winter.

Die etwa fünfzehntausend Stacheln auf dem Rücken und an den Seiten eines ausgewachsenen Igels sind umgewandelte Haare, die zum Schutz und zur Abwehr dienen. Sobald sich das Tier zusammenrollt, richten sie sich auf und schützen die stachellose Unterseite und die Füße des Tieres. Igel stehen unter Naturschutz, werden aber auf den Straßen oft überfahren. Viele werden auch zur Beute von Greifvögeln, Füchsen und Hunden.

An einem Nachmittag Anfang April kam ein kleiner grauer Vogel zum Steinhaufen zurück. Es war ein Steinschmätzer, auch Steinsänger genannt. Im Herbst hatte er den Brutplatz verlassen und war weit nach dem Süden gezogen. Bis nach Afrika hatte ihn sein ‚Kompaß' geführt. Dort verbrachte er den Winter und kehrte jetzt wieder zurück, zu seinem Nest im Steinhaufen. Bald würde auch sein Weibchen sich wieder einfinden. Sie würden wieder zwitschern, Insekten jagen, ein neues Nest bauen, die Jungen aufziehen und im Herbst wieder nach Afrika ziehen. Als der Steinschmätzerhahn aus der Höhe die vertraute Gegend erkannt hatte, beschleunigte er die Fluggeschwindigkeit, umkreiste mehrere Male den Steinhaufen und ließ sich auf dem höchsten Stein nieder. Lange Zeit hielt er Umschau. Nickte mit dem Kopf und knickste zierlich mit gefächertem Schwanz, trippelte dann von einem Stein zum anderen und stieß vor Erregung und Freude immer wieder sein lautes „Teck — teck, Teck — teck" aus. Als er einen fliegenden Käfer über dem Steinhaufen erblickte, flog er ihm eilig nach, ergriff ihn, setzte sich wieder auf einen Stein und verzehrte ihn.

Dieser kleine Vogel, der in Europa, Afrika, Asien und Nordamerika beheimatet ist und steinreiche Landschaften liebt, ist ein flinker und zänkischer Gesell. In seiner Umgebung duldet er keine Artgenossen. Er ist ein mutiger Streiter, so wie sein Vetter, der kleine Wiesenschmätzer, der auf Wiesen und Weiden, in Sandgruben und Halden lebt.

Die Schmätzer sind schlechte Ehemänner. Sie beteiligen sich nur wenig am Nestbau und an der Brutpflege. Das einfache Nest aus Grashalmen, Moos und Federn muß das Weibchen allein bauen. Auch die sechs grünweißen Eier werden in manchen Fällen allein vom Weibchen ausgebrütet. Aber sie sind gute Flieger. Auch die schnellsten Insekten greifen sie in der Luft und verzehren die Beute auf ihrem Sitzplatz. Ihre Nester bauen sie in Steinhaufen und Mauerspalten. Sind die Jungen ausgewachsen und können sich selbst ernähren, werden sie von den Alten vertrieben. Sie wippen, knicksen und nicken schon wie die Alten.

»Sonnen-Anbeter«

Auch die Eidechsen sind zu dieser Zeit aus ihrem Winterschlaf erwacht. Die farbenprächtige Smaragd-Eidechse hält sich gern in dem großen Steinhaufen auf, wo sie Schutz und reichlich Nahrung findet. Sie ist die größte Eidechsenart in Mitteleuropa. In der Paarungszeit verwandelt sich die Hautfarbe, besonders bei den Männchen, zu einem prunkvollen grüngelben oder grasgrünen Hochzeitskleid.
Im Juni werden dann die zehn bis fünfzehn weichschaligen Eier in eine flache Erdgrube gelegt und sorgfältig zugedeckt. Wie alle Reptilien, kennen auch die Eidechsen keine Brutpflege. Mehrmals häuten sie sich noch während des Sommers. Der lange Schwanz, der mehr als die Hälfte des ganzen Tieres ausmacht, bricht beim Anfassen leicht ab. Er wächst zwar immer etwas nach, erreicht aber nicht mehr die normale Länge.
Eidechsen sind Sonnenanbeter. Bei kühler Witterung und bei Regen verstecken sie sich an geschützen Stellen. Bei Sonnenschein liegen sie lang ausgestreckt auf einem Stein und lassen sich von der warmen Sonne bestrahlen.
Ihre Feinde sind alle Greifvögel, Ratten, Igel und Wiesel. Sobald nur ein Schatten über sie fällt oder ein Geräusch zu ihnen dringt, verschwinden sie blitzschnell in einem Versteck. Alle Eidechsen sind geschützt. Sie sind für uns nützliche Tiere, weil sie schädliche Insekten und deren Larven vertilgen. Mitte

Oktober verkriechen sie sich unter Steinen, im Mäuseloch oder im Kaninchenbau und verbringen schlafend den Winter.

Angst und Schrecken

Eine große dicke Wanderratte lauert unter einem Stein auf Beute. Sie ist ein bösartiger und tückischer Räuber, der für alle Kleintiere äußerst gefährlich ist.
Erst vor wenigen Tagen hat sich eine ganze Rattenfamilie in dem Steinhaufen angesiedelt. Den Winter verbrachten die Ratten in einer Feldscheune. Nachdem das Getreide gedroschen und das Stroh abgefahren war, gab es für die Tiere keinen Schutz und keine Nahrung mehr. So zogen sie aus und fanden unterwegs den Steinhaufen. Das war gerade der rechte Ort für diese Räuber.
Wanderratten leben in Familiengemeinschaften. Sie sind untereinander recht verträglich. Sie verfolgen die Beute oft gemeinsam und fressen alles, was sie nur erbeuten und überwältigen können: Vögel, Mäuse, Kaninchen, junge Hasen und sogar kleine Raubtiere. Wenn sie sich an einer Beute festgebissen haben, lassen sie nicht mehr los. Fremde Ratten werden verjagt oder getötet. Zehn und mehr Junge wirft das Weibchen mehrere Male im Jahr.
Ist die Sippe zu groß geworden, wandern einige Familien aus. Auf der Wanderung überqueren sie Bäche, Sümpfe, Straßen und jedes Hindernis. Obwohl auch sie viele Feinde haben, Greifvögel, Füchse, Marder, Iltis und Mensch, können sie zu einer Landplage werden.
In dem Steinhaufen waren diese Räuber unerwünscht. Sie brachten Angst und Schrecken unter die friedlich lebenden Tiere und richteten großes Unheil an. Ihren

Feinden gelang es nicht, die Ratten zu vernichten. So mußte der Mensch eingreifen und ihnen mit Pulver und Blei zu Leibe rücken.

Strenge Ordnung

Von den über fünftausend Ameisenarten, die es auf der Welt gibt, leben die meisten in den Tropen. Von den hiesigen Arten leben nur zwei im Steinhaufen, die rote Raubameise und die schwarzgraue Gartenameise. Beide bauen keine Burgen, sondern legen ihre flachen Nester im Boden unter den Steinen an. Auch verrottete Baumstümpfe dienen ihnen oft als Wohnung. Viele Arten leben in Kolonien. Es gibt eine alte Arbeitseinteilung bei den Tieren: Könige, Arbeiter, Soldaten, geflügelte Männchen. Diese spezielle Ordnung ist bei den Ameisen schon einige Jahrtausende früher entwickelt worden, als bei uns Menschen. Die im Steinhaufen lebende rote Raubameise hält sich Sklaven, die sie sich durch Raub von Puppen aus den Nestern der Minierameise beschafft. Die Arbeiter müssen Futter beschaffen, die Wohnung sauber halten und die Puppen bewachen.

Die Gartenameise unterhält fremde Tiere als Nahrungslieferanten. Blattläuse und kleine Käferarten liefern ihnen Ausscheidungssäfte. Als Gegenleistung werden sie gut behandelt. Bei diesen Ameisen überwintert nur die befruchtete Königin, die im Frühjahr einen neuen Staat bildet. Alle anderen Tiere sterben im Herbst.

Ameisen können viel Schaden anrichten, so etwa die Wanderameisen in den Tropen. Aber auch bei uns können Ameisen als Hausschädlinge unangenehm werden. Sie beißen sich durch Holz und Mauerwerk hindurch, bilden Gänge und bauen Nester unter

Fußböden, in den Mauern, beschmutzen und fressen alle Vorräte in Keller und Kammer.

Eine uns nützliche Art lebt in den Wäldern: die rote Waldameise. Sie leistet dem Forstmann große Hilfe bei der Vernichtung der vielen Bauminsekten. Die großen Ameisenhaufen, in denen bis zu zwei Millionen Ameisen leben, werden geschont und vor Beschädigungen geschützt. Die roten Waldameisen stehen bei uns unter Naturschutz. Ihre Wohnungen dürfen nicht beschädigt, die Eier und Puppen nicht vernichtet werden.

Wenige Meter von dem Steinhaufen entfernt steht eine alte Kiefer. Einige Äste in der dichten Krone sind schon abgestorben. In dem toten Holz leben die großen weißen Larven der Holzwespe. Der Buntspecht holt sich ab und zu eine der fetten Larven aus dem Holz heraus. Auch die befruchteten Schlupfwespenweibchen lauschen den Bohrgeräuschen, die aus dem toten Holz kommen. Die Holzwespenlarve bohrt aber weiter unter der Borke. Sie weiß von ihren Feinden nichts, die sie belauern. Da trifft sie der Legestachel der Schlupfwepe, und ein Ei wird in die Larve gedrückt. Der Tod der Holzwespenlarve ist damit besiegelt. Die aus dem Ei geschlüpfte Schlupfwespenlarve ernährt sich von der Made, bis sie sich verpuppt.

Kurz vor Sonnenuntergang kommt ein Mäusebussard zum Steinhaufen geflogen. Auf einem der toten Äste läßt er sich geräuschlos nieder. Still und geduldig wartet er auf ein Beutetier, das den Steinhaufen verläßt. Eine junge Ratte springt einen vorbeifliegenden Käfer an. Der Käfer entkommt, aber im nächsten Augenblick fällt ein Tierschatten über die Ratte und mehrere Dolche bohren sich in ihren Körper. Der

Bussard bringt die tote Beute seinen Jungen, die sich hungrig über den Fraß stürzen.

Ein Rebhahn ruft abends aus einem Kleefeld sein lautes „Girr-häck, Girr-häck". Auch der Wachtelhahn meldet sich aus einem Roggenfeld. Sein Ruf wird von den Bauern als „Bück den Rück" gedeutet. Da kommt geisterhaft leise ein Steinkauz zum Steinhaufen geflogen. Mehrere Male umkreist er ihn. Plötzlich stürzt er sich auf eine Maus und verschwindet mit ihr so still, wie er gekommen ist. Weit weg hört man nur noch sein lautes „Kuwitt - kuwitt". Daß er ein Totenvogel sein soll, glaubt kein Mensch mehr. Nur wegen seines Rufes, der sich wie ein „Komm mit" anhört, haben ihm die Menschen diese Eigenschaft angedichtet. Früher galt er bei den alten Griechen als der geweihte Vogel der Göttin Athena und als Symbol für Weisheit und Gelehrsamkeit.

Die warme Sommernacht ist nur kurz. Die Zeit genügt aber vielen Tieren, um sich zu sättigen. Vegetarier finden Nahrung in Hülle und Fülle. Auf den Wiesen und Weiden wächst neues junges Gras. Am Waldsaum, am Grabenrand und an Wegebreiten blühen und reifen Unkräuter und Waldbeeren. Der Tisch ist jetzt so reichlich und vielfältig gedeckt, daß die Tiere an den vielen Pflanzen nur zu naschen brauchen, um satt zu werden.

Auch die Fleischfresser haben keine Nahrungssorgen. Alle jungen Tiere haben ihre Nester, Baue und sonstigen Verstecke verlassen, viele auch schon ihre Eltern. Sie sind jetzt selbständig, müssen sich selbst ernähren und wehren. Ohne Erfahrung und Kenntnis der Gefahren werden viele das Opfer einer unbarmherzigen Verfolgung durch Raubtiere, denen sie als Nahrung dienen.

Im Osten leuchtet das erste Morgenrot. Eine Lerche steigt trillernd in die frische Morgenluft. Fast senkrecht ist ihr flatternder Höhenflug. Der Steinschmätzer macht es ihr nach. Die ersten Sonnenstrahlen streifen die taunasse Erde. Da läßt sich die Lerche zur Erde fallen. Auf einem Feldweg beginnt sie mit der Futtersuche.

Mit der aufsteigenden Sonne erwärmt sich die Luft. Die Tagesinsekten erwachen in ihren Verstecken. Fliegen, Käfer, Wespen und Schmetterlinge suchen Blüten und saftige grüne Pflanzen, um daraus zu trinken oder sie zu verzehren. Der Steinschmätzer braucht nicht lange auf die ersten Fliegen und Käfer zu warten. Aber auch der Sperber ist schon unterwegs. Mit hoher Geschwindigkeit streicht er um Hecken und Büsche, an Waldkanten und Wegrändern entlang. Seine großen scharfen Augen übersehen kein Tier und keine Bewegung in weiter Umgebung. Er ist der größte Feind unserer kleinen Vogelarten.

Jetzt streicht er niedrig den Feldweg entlang. Die Lerche hat ihn zu spät gesehen. Sie will noch eilig in das nur einen Schritt neben dem Weg stehende Getreide flüchten, aber der Sperber ist schneller. Seine spitzen Krallen bohren sich tief in ihren Körper, und mit der toten Lerche fliegt er zum nächsten Strauch, rupft sie und verschlingt alles bis auf die Federn.

Nicht anders erging es kurz darauf einem Star. Ein ganzer Schwarm suchte auf einer Viehweide nach Samen und Insekten. Da stürzte sich der rasende Tod zwischen die Tiere, die plötzlich aufgescheucht und erschrocken in alle Richtungen flohen. Es war leicht für den Sperber, einen der flüchtenden Vögel zu greifen. Mit dem Star in den Fängen flog er zu einem kleinen Wäldchen. Er ahnte nicht, daß von einer Kiefer des Wäldchens ein Habicht ihn scharf beobachtete. Kurz vor dem Wäldchen stürzte sich der Habicht auf den Sperber, und hätte dieser nicht in einer schnellen Wendung und mit Aufbietung aller Kräfte das Wäldchen erreicht, wäre er das Opfer des Hühnerhabichts geworden.

Lange saß der verängstigte und erschöpfte Sperber unter einem Strauch. Erst nach einer Weile begann er, den Star zu rupfen. Der Habicht verfolgte bald darauf eine Feldtaube, die er auf einem Feld aufgescheucht hatte. Nur kurz war der Fluchtweg der Taube. Sie wurde bald eingeholt und unter einer Feldhecke gekröpft.

Ein Mäusebussard wartete geduldig auf einem Zaunpfahl. Er hörte die Mäuse im Gras rascheln, sehen konnte er sie nicht. Das Gras war zu dicht und zu hoch. Da lief eine Feldmaus aus dem Gras auf eine lichte Stelle. Eine Sekunde nur, und ihr Leben war ausgelöscht.

Überall in der Natur lauert der Tod. Er folgt wie ein Schatten jedem Tier. Auch uns Menschen. Wer in der Jahrtausende alten Ordnung der Natur meint, der Jäger zu sein, ist vielleicht schon morgen der Gejagte...

Die erste Neue

Weihnachten war's. Selten schöne Wintertage. Nach einem lange anhaltenden, trockenen Frost kam endlich der ersehnte Schnee. Dem Landwirt fiel ein Stein vom Herzen. Die Wintersaat litt unter dem kalten, trockenen Nordostwind, und die grünen Getreidepflanzen verschwanden immer mehr von dem tiefgefrorenen, schneefreien Acker.

Nun konnten der Wind und der Frost der Saat nicht mehr schaden. Unter der dicken Schneedecke war sie gut geschützt und ruhte, bis die warmen Sonnenstrahlen im Frühling sie zum neuen Leben wecken würden. Keller und Scheune waren in diesem Jahr gut gefüllt. Ein gütiges Geschick hatte auch sonst den Hof und die Familie des Landwirts vor Kummer und Sorgen bewahrt. So hatte man allen Grund, das Weihnachtsfest fröhlich zu begehen.

Alt und jung rüstete sich zur Christmette am Heiligabend. Der Schlitten stand vor dem Haus mit Pelzsack und Pelzdecke, und am Pferdegeschirr wurden Schellen und Läutewerk angebracht.

Durch die sternklare Winternacht ging es zum nahen Kirchdorf. Der gefrorene Schnee knirschte unter den Schlittenkufen. Die Pferde schnauften und prusteten, als wüßten sie, daß Weihnachten war, das Fest der christlichen Freudenbotschaft.

Wer solche Fahrten jemals erlebt hat, wird sie nie vergessen. Seine Erinnerungen werden nicht untergehen, so lange es Weihnachten und Schnee in seinem Leben geben wird.

Als am ersten Weihnachtstag die Sonnenstrahlen durch die Fensterscheiben in das Zimmer fielen,

konnte man die herrliche Filigranarbeit bewundern, die der Frost an die Fensterscheiben gezeichnet hatte.
Der erste Spurschnee, die erste Neue, wie die Jäger sagten, lockte zu einem Reviergang. Wer kann sich diesem Vergnügen entziehen, auf das er schon wochenlang gewartet hat. Langschäftig durch den verschneiten, stillen Wald zu gehen, ist wohl für jeden Menschen eine besondere Freude.
Auf dem Schnee zeichnete sich der Schatten der Baumkronen ab, er sah aus wie ein lockeres Gespinst. Das geheimnisvolle Buch der Lebensgeschichte der Tiere liegt jetzt aufgeschlagen da. Wer die Schrift zu lesen versteht, findet manches aufgezeichnet, was ihm sonst verborgen ist. Die Fährten und Spuren verraten jedem Kenner das Verhalten, die Bewegungen und die Absichten der Tiere.
Ein Hase mümmelte an einem trockenen Grasbüschel am Waldweg. Da — eine kurze Flucht. Deutlich die Abdrücke seiner Hinterläufe. Er machte einen Kegel. Beruhigte sich aber wieder und kehrte zu dem Grashorst zurück. Weiter zeigte seine Spur ihn mit kurzen Sprüngen in Richtung Feld verschwinden.
Rehe scharrten an verschiedenen Stellen auf der kleinen Waldwiese, um an die Grasnarbe zu kommen. Unter einer Fichte lagen Zapfen, die ein Eichhörnchen sich geholt hatte. Seine Spur kam von einer Eiche, unter der es nach Eicheln gesucht hatte. Wahrscheinlich hatte es sich im Herbst mehrere Speisekammern angelegt, die es jetzt unter dem Schnee nicht finden konnte. Ein Eichelhäher hatte seine Spur ebenfalls unter einer Eiche hinterlassen. Auch er wird nichts gefunden haben.
Da war ein Loch im Schnee. Eine Maus hatte sich an die Oberfläche durchgegraben. Ihre kleinen Beine

hinterließen eine winzige Spur. Da war die Spur plötzlich zu Ende. An dieser Stelle war ein kleiner roter Punkt. Ein Blutstropfen. Das Schicksal hatte hier gesprochen. Deutlich konnte man im Schnee die Abdrücke einer Schwinge erkennen. Ein Waldkauz hatte hier entschieden.

Durch das Kiefern-Altholz wechselte ein Rudel Rotwild. Genau auf dem alten gewohnten Wechsel. Das Leittier kannte sich auch beim Schnee gut aus.

Auch Reineke Fuchs durfte nicht fehlen. Nur schnürte er diesmal auf dem freien Weg zwischen der Fichtenschonung und dem Buchen-Jungholz. Nur ab und zu machte er einen Abstecher in die eine oder andere Schonung. Es machte ihm wohl keine Freude, wenn bei jeder kleinsten Berührung eines Astes ihm gleich ein Batzen Schnee auf den Balg fiel. Auch die Maus oder der Hase müßten ja taub sein, wenn sie das nicht hören sollten. Es könnte der bellende Fuchs gewesen sein, der hier seine Perlenschnur hinterließ. Diese sonderbare Eigenschaft hatte ein Fuchs, der schon zwei Jahre hier lebte und jagte. Auf seinen Beutezügen bellte er immer lustig, als ob er den ganzen Wald unterhalten wollte. Wurde er plötzlich still, konnte man sich denken, was er vor sich hatte. Kurz nach Weihnachten verstummte er für immer. Ob er in ein Fuchseisen geraten oder an Bleivergiftung gestorben war?.

In eine Fichtenschonung wechselten vier Überläufer. Ihre Fährten wurden markiert und vertreten, um beim nächsten Abspüren erkannt zu werden.

Der Pirschgang mußte für diesen Tag abgebrochen werden. Für den Nachmittag hatte sich Besuch angemeldet.

Am nächsten Tag ging es schon am frühen Nachmittag, bewaffnet und in Begleitung einer lieben Diana in

Lodenmantel und Pelzkappe, wieder in den Wald. So schön eine Schlittenfahrt durch den verschneiten Wald ist — wenn man viel sehen und beobachten will, muß man schon zu Fuß gehen.
Auf dem Weidezaun am Weg saß ein Bussard. Für ihn war kein Weihnachtsbraten bereitet worden. Zwei Tage Schneefall. Das war schon kein gutes Jagdwetter, und jetzt diese Schneewüste! Nein — es war kein schönes Weihnachtsfest für den grauen Mauser.
Auf einem Roggenfeld lag ein Volk Rebhühner. Im Schnee eingescharrt, versuchten sie an die grüne Saat heranzukommen. Für sie war jetzt auch Schmalhans Küchenmeister. Aber am nächsten Tag sollten die Futterstellen beschickt werden; da würde die Hungersnot ein Ende haben. Auch Rotwild, Rehe und Sauen bekamen ihren Teil auf den bekannten Futterplätzen. Zu hungern brauchte kein Tier hier. Nur das Wetter kann der Mensch nicht ändern, und die große Kälte bekommt den Tieren ebensowenig wie der Hunger.

Ein Sprung Rehe stand auf der kleinen Waldwiese. Bewegungslos standen sie in der Sonne, unentschlossen, was sie tun sollten. Ein schwaches Kitz war dabei. Aber es war Weihnachten, und die Kugel im Lauf war nur für Strolche und Spitzbuben da. Pirschwege und Dickungen wurden an einem solchen Tag nicht betreten. Das Wild sollte nicht gestört werden.
Auf einer Kanzel lag dicker Schnee. Von ihr aus wurde einige Jahre zuvor ein alter, schon am Ende seines Lebens stehender Hirsch geschossen. Das stark zurückgesetzte, schwache Geweih war keine Zierde und keine Waffe mehr.
Einige Krähen stritten sich im Nachbarrevier. Was mochten sie haben, diese Räuberseelen? Aus einem trockenen Wasserdurchlaß führte eine Katzenspur.

Auch solch eine Räuberseele! Sie wird den Schneefall hier verbracht haben und jetzt als liebes Miezekätzchen an einem warmen Küchenherd herumschnurren. Die Fährte eines einzelnen Stückes Schwarzwild führte ein Stück neben dem Weg. Eine richtige tiefe Schneefurche hatte der Keiler hinterlassen. In einem dichten Fichtenhorst am Weg endete die Fährte. Auch ihm sollte geholfen werden. Wenn auch noch einige Schwarzkittel ihre Schwarten in diesem Winter opfern müssten — vielleicht würde es ihn nicht treffen.
Irgendwo meldete sich Markwart, der Eichelhäher. Sein lautes Schreien störte den Frieden im Wald. Hatte er etwa einen Fuchs entdeckt, dem der Hunger keine Ruhe im Bau ließ?
Wollen doch mal sehen, wie es an dem alten Fuchsbau aussieht. Ein kleiner Abstecher in eine Kiefernschonung. Da war der große Familienbau. Zwei Röhre waren befahren. Auf dem Schnee lag gelber Sand, den sich Reineke aus dem Balg geschüttelt hatte. Die anderen Röhren waren zugeschneit. Dieser Bau hier war tabu. Hier wurde nicht gegraben und nicht gesprengt. Ein alter Familienbau, in dem jedes Jahr eine neue Fuchs-Generation heranwächst.
Weiter ging es an dem Mischbestand vorbei. Zwischen jungen Buchen standen Lärchen und Fichten. Die mit Schnee bedeckten Fichten sahen wie Schneepyramiden aus. Von einer fiel plötzlich etwas Schnee herunter. Von alleine konnte er nicht gefallen sein. Ob wohl ein Schwarzkittel sich an dem armdicken Stamm gescheuert hatte? Da kam ein langer grauer Kopf zum Vorschein. Ein Überläufer hatte unter der Fichte gebrochen. Allein würde er bestimmt nicht sein. Und tatsächlich, da war schon ein zweites und bald auch ein drittes Stück. Vier schwarze Gesellen waren hier unterwegs, um etwas Nahrhaftes zu finden. Aber wo

sollten sie suchen, wenn alles zugeschneit und gefroren war. So zogen sie von einem Baum zum anderen und brachen nach dünnen Wurzeln und was sie sonst noch an Sättigendem fanden.

Nicht stören, nur langsam weiter gehen und sehen. Die Sonne senkte sich schon dem westlichen Horizont zu. Der Himmel war dort glühend rot. Die schönen Schattenzeichnungen auf dem Schnee waren verschwunden. Klirrender Frost kündigte sich an. Der Schnee unter den Füßen fing an zu knirschen. Da war auch schon der Feldrand. Die weite weiße Fläche wirkte starr und leblos. Und das war sie auch.

Im Schnee ist kein Leben. Nur darunter, in der Erde, da schlagen viele kleine Herzen, die meisten im tiefen Winterschlaf. Sie schlagen dem Frühjahr entgegen, in dem allüberall nach dem Gesetz der Natur neues Leben sich regt — im Wald wie auf der Nehrung, am Bruch und an dem kleinen Wiesenbach, in der alten Eiche wie am See.